KB126823

Grammar
Build-up

Minary Song

BASIC

Grammar *Build-up* BASIC

초판 1쇄 인쇄 2016년 6월 1일
초판 1쇄 발행 2016년 6월 1일

지은이 Minary Song, Jungu Han, Areum Oh Brady, Joseph Preston Brady
발행인 김용부
발행처 글로벌문화원
등록번호 제 2-407
등록일자 1987년 12월 15일

주소 서울시 종로구 삼일대로 15길 19 글로벌빌딩 5층
대표전화 02)725-8282 **팩스** 02)753-6969
홈페이지 http://www.global21.co.kr

디자인 Design maru (02) 3144-2581

ISBN 978-89-8233-265-4 53740

머리말 Preface

저는 영어 단어 중에 experience(경험)를 가장 좋아합니다. 이 단어는 ex(밖으로)와 peri(주변)을 뜻하는 어원이 합쳐져서 생긴 말입니다. 주변을 벗어나는 것, 즉 내게 익숙한 환경 밖으로 나가는 것이 경험이란 뜻입니다. 오래 전 이야기인데 동생이 7살 되던 해에 동네 형들을 따라 먼 산으로 개구리를 잡으러 떠난 날이 있었습니다. 오후 늦도록 동생이 돌아오지 않아 온 가족이 동생을 찾으러 애타게 찾으러 떠났던 그날 해질 무렵 동생은 같이 간 무리와 함께 집으로 돌아왔습니다. 늘 머물던 곳을 떠난다는 것은 어느 정도의 위험에 노출될 가능성을 높여줍니다. 그러나 그런 만큼 많은 것을 보고 듣고 체험하는 경험이 되기도 합니다. 지금도 그때의 일을 기억하는 것을 보면 일상을 벗어나는 것이 얼마나 가치 있는 일인가, 시도해 볼 만한 일인가를 다시 한번 생각해 보게 됩니다. 우리가 머무는 routine(일상)을 벗어 난다는 것은 물리적인 경계를 넘나드는 것뿐 아니라 독서를 통해 상상의 세계를 넘나드는 것 또한 포함됩니다. 모든 것들을 몸소 체험해야 알 수 있는 것은 아니니까요.

영어는 새로운 경험을 할 수 있도록 용기를 주는 하나의 item입니다. 영어가 있으면 좀 더 먼 세상까지 자신 있게 나아갈 수 있습니다. 너무나 많은 사람들이 1kg도 안 되는 영어책 한 권을 제대로 공부하지 못해 업무 및 미팅에 대한 두려움, 여행에 대한 두려움에 사로잡혀 살아갑니다. 비슷한 무게의 소설책은 하루 만에 다 읽으면서 영어책을 펴는 일에는 상당히 게으릅니다. 우리는 하루에 1kg을 감량하기 위해 하루에 몇 시간씩 운동하기도 합니다. 그러나 영어책을 펴는 일에는 게으릅니다. 여러분이 읽어야 할 책들의 무게가, 여러분이 감량해야 할 무게라 생각하시고 꾸준히 시간을 투자하십시오. 많은 경험들을 하기 위해선, 여러분들이 읽어야 할 책들의 무게가 줄어야 합니다.

이 책은 영어 공부의 완성을 위한 것이 아닙니다. 영어 공부의 시작을 위한 책입니다. 위대함은 뛰어난 재능이 아니라 습관에 있다고 했습니다. 하루에 1시간씩 20일만 공부하면, 적어도 여러분은 이 책의 무게로부터 해방될 것입니다.

차례 Contents

차례 Contents

이 책의 구성 composition

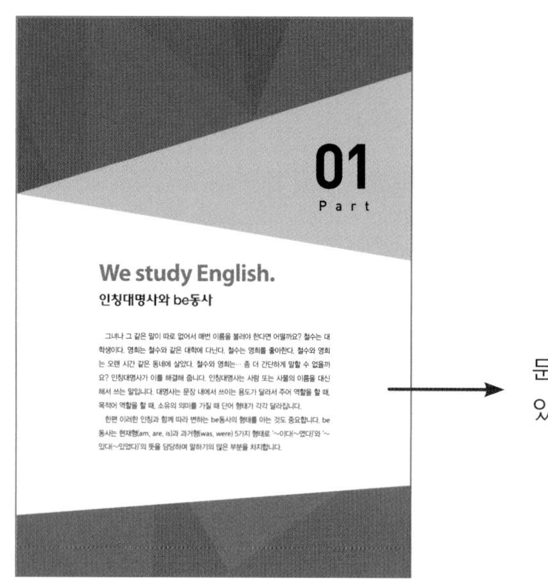

01
Part

We study English.

인칭대명사와 be동사

그녀나 그 같은 말이 따로 없어서 매번 이름을 불러야 한다면 어떨까요? 철수는 대학생이다. 영희는 철수와 같은 대학에 다닌다. 철수는 영희를 좋아한다. 철수와 영희는 오랜 시간 같은 동네에 살았다. 철수와 영희는… 좀 더 간단하게 말할 수 없을까요? 인칭대명사가 이를 해결해 줍니다. 인칭대명사는 사람 또는 사물의 이름을 대신해서 쓰는 말입니다. 대명사는 문장 내에서 쓰이는 용도가 달라서 주어 역할을 할 때, 목적어 역할을 할 때, 소유의 의미를 가질 때 단어 형태가 각각 달라집니다.

한편 이러한 인칭과 함께 따라 변하는 be동사의 형태를 아는 것도 중요합니다. be동사는 현재형(am, are, is)과 과거형(was, were) 5가지 형태로 '~이다(~였다)'와 '~있다(~있었다)'의 뜻을 담당하여 말하기의 많은 부분을 차지합니다.

문법을 공부하기 전 **Warm-up** 단계로 읽어 볼 수 있는 간략한 문법 설명입니다.

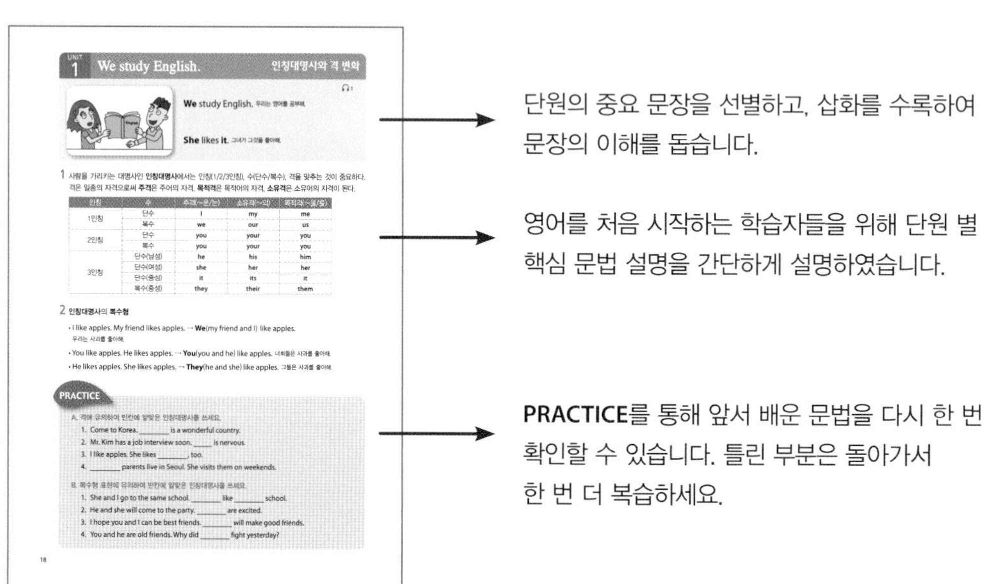

UNIT 1 We study English. 인칭대명사와 격 변화

We study English. 우리는 영어를 공부해.

She likes it. 그녀가 그것을 좋아해.

1 사람을 가리키는 대명사인 **인칭대명사**에서는 인칭(1/2/3인칭), 수(단수/복수), 격을 맞추는 것이 중요하다. 격은 일종의 자격으로써 **주격**은 주어의 자격, **목적격**은 목적어의 자격, **소유격**은 소유어의 자격이 된다.

인칭	수	주격(~은/는)	소유격(~의)	목적격(~을/를)
1인칭	단수	I	my	me
	복수	we	our	us
2인칭	단수	you	your	you
	복수	you	your	you
3인칭	단수(남성)	he	his	him
	단수(여성)	she	her	her
	단수(중성)	it	its	it
	복수(중성)	they	their	them

2 **인칭대명사**의 **복수형**

- I like apples. My friend likes apples. → **We**(my friend and I) like apples. 우리는 사과를 좋아해.
- You like apples. He likes apples. → **You**(you and he) like apples. 너희들은 사과를 좋아해.
- He likes apples. She likes apples. → **They**(he and she) like apples. 그들은 사과를 좋아해.

PRACTICE

A. 격에 유의하여 빈칸에 알맞은 인칭대명사를 쓰세요.

1. Come to Korea. ________ is a wonderful country.
2. Mr. Kim has a job interview soon. _____ is nervous.
3. I like apples. She likes ________, too.
4. ________ parents live in Seoul. She visits them on weekends.

B. 복수형 표현에 유의하여 빈칸에 알맞은 인칭대명사를 쓰세요.

1. She and I go to the same school. ________ like ________ school.
2. He and she will come to the party. ________ are excited.
3. I hope you and I can be best friends. ________ will make good friends.
4. You and he are old friends. Why did ________ fight yesterday?

18

단원의 중요 문장을 선별하고, 삽화를 수록하여 문장의 이해를 돕습니다.

영어를 처음 시작하는 학습자들을 위해 단원 별 핵심 문법 설명을 간단하게 설명하였습니다.

PRACTICE를 통해 앞서 배운 문법을 다시 한 번 확인할 수 있습니다. 틀린 부분은 돌아가서 한 번 더 복습하세요.

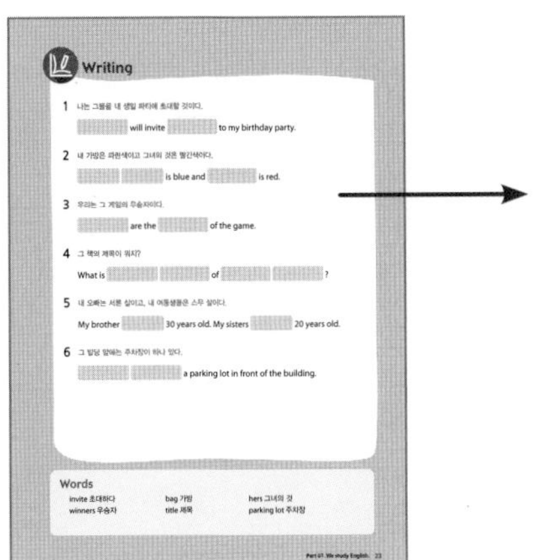
Writing

1 ___ will invite ___ to my birthday party.

2 ___ ___ is blue and ___ is red.

3 ___ are the ___ of the game.

4 What is ___ ___ of ___ ___?

5 My brother ___ 30 years old. My sisters ___ 20 years old.

6 ___ ___ a parking lot in front of the building.

Words
invite 초대하다 / winners 우승자 / bag 가방 / title 제목 / hers 그녀의 것 / parking lot 주차장

앞에 나온 문법과 관련 있는 문장들입니다. 우리말 해석을 보면서 하나씩 빈칸을 채워 보세요. 모르는 부분이 있으면 아래의 단어를 참고하면 됩니다.

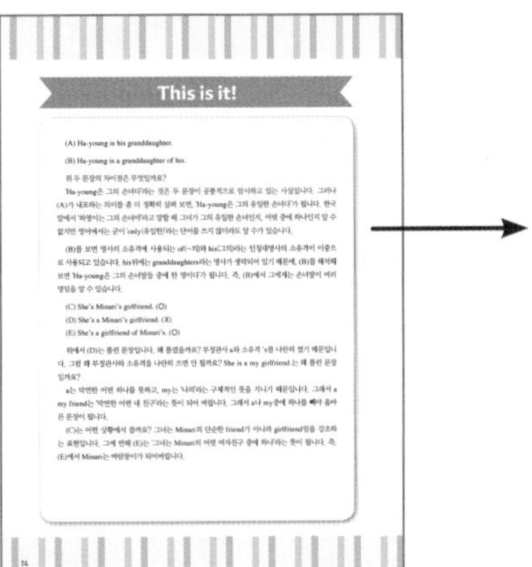
This is it!

(A) Ha-young is his granddaughter.

(B) Ha-young is a granddaughter of his.

(C) She's Minsu's girlfriend. (O)

(D) She's a Minsu's girlfriend. (X)

(E) She's a girlfriend of Minsu's. (O)

문법 공부를 하면서 헷갈리거나 궁금할 수 있는 부분을 자세히 설명해 두었습니다. 잘 읽어 보고 영어 회화나 작문을 할 때도 활용해 보세요.

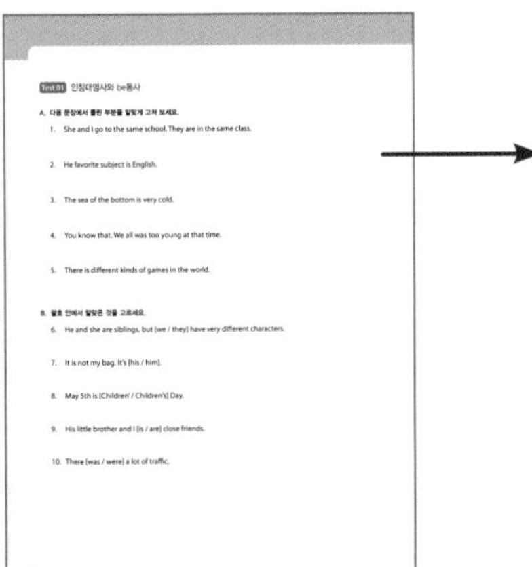
Test 01 인칭대명사와 be동사

A. 다음 문장에서 틀린 부분을 알맞게 고쳐 보세요.

1. She and I go to the same school. They are in the same class.
2. He favorite subject is English.
3. The sea of the bottom is very cold.
4. You know that. We all was too young at that time.
5. There is different kinds of games in the world.

B. 괄호 안에서 알맞은 것을 고르세요.

6. He and she are siblings, but [we / they] have very different characters.
7. It is not my bag. It's [his / him].
8. May 5th is [Children' / Children's] Day.
9. His little brother and I [is / are] close friends.
10. There [was / were] a lot of traffic.

문법을 공부한 후 테스트로 각 단원을 복습할 수 있습니다. 중요한 문법 부분만 출제하였으니 꼭 복습하고 넘어가도록 하세요.

영어의 품사와 문장 성분

영어의 품사

1 명사: 문장을 이루는 뼈대

명사는 문장 속에서 **'주어', '목적어', '보어'**로 쓰이기 때문에 문장의 뼈대입니다. 이름을 붙일 수 있는 것들을 명사라고 합니다. 예로는 water, love, staff, Korea, tree, convenience store(편의점) 등이 있습니다.

- Jenny brought her mother happiness. 제니는 그녀의 어머니에게 행복을 가져다 주었다.
  (Jenny: 명사, mother: 명사, happiness: 명사)

- Every news channel covered the story. 모든 뉴스 채널이 그 이야기를 다루었다.
  (news channel: 명사, story: 명사)

2 관사: 뼈 끝에 붙어있는 연골

명사를 수식하는 a, an, the를 관사라고 하는데, the를 정관사, a와 an을 부정관사라고 합니다. 기본적으로 a나 an이 붙는다는 것은 셀 수 있는 명사여서 그것들을 단수로 쓰는 경우에는 a나 an을 붙이면 되고, 복수로 쓸 때에는 부정관사 없이 명사의 복수형을 쓰면 됩니다. 한 번 언급된 명사를 반복해서 말할 때에는 그 명사에 the를 붙여줍니다.

- A dog is a faithful animal. 개는 충실한 동물이다.
  (a: 관사)

- I'm looking for the house. 그는 그 집을 찾고 있다.
  (the: 관사)

3 대명사: 문장을 이루는 뼈대나 인공뼈대

기본적으로 **명사를 대신해서 쓸 수 있는 명사를 대명사**라고 합니다. 예로는 he, she, we, they, this, that, it, one 등이 있습니다. 이외에도 많은 대명사들이 존재하는데, 공통적으로 대명사들은 대체로 문장 내에서 대체로 명사와 같은 역할을 담당합니다.

- This is Jenny. She is my friend. 여기는 제니라고 해. 그녀는 내 친구야.
  (She: 대명사)

- I lost my cell-phone. I need to buy one. 나는 폰을 잃어버렸어. 한 개 사야 해.
  (one: 대명사)

4 동사: 명사를 연결시키는 근육

영어에서 **동사는 동작이나 상태를 나타내는 말**로, 뼈(명사)와 뼈(명사)를 연결해주는 힘줄과 같은 역할을 담당합니다. 힘줄이 없으면 완전한 구조를 만들 수 없듯이, 문장에는 동사가 하나 이상은 반드시 존재합니다. 예로는 play, hear, see, feel, make, drink 등이 있습니다.

- I heard the news. 나는 그 소식을 들었다.
  (heard: 동사)

- He drinks some milk. 그는 약간의 우유를 마신다.
  (drinks: 동사)

5 형용사: 뼈나 근육 위에 붙은 살

영어에서 **형용사**는 **명사 옆에서 명사를 수식하고 구체화시켜주는 역할**을 하고, **보어**로 쓰이기도 합니다. Girl(소녀)은 세상에 많지만, poor girl(가난한 소녀)은 외연이 훨씬 좁고, 구체적이게 되는 것처럼 명사를 형용사로 꾸며주면 자세한 그림이 그려집니다. 예로는 pretty, good, bad, tall, short 등이 있습니다.

- My father gave me a big present. 나의 아버지가 나에게 큰 선물을 주었다.
  big: 형용사
- You look happy today. 너 오늘 행복해 보여.
  happy: 형용사

6 부사: 뼈와 근육과 살이 있는 완성체에 걸친 옷

부사는 **동사 옆에 붙어서 동사를 수식**하기도 하고, **형용사를 꾸며 주기도 합니다**. fast, high, hard, already, still 등 다양한 예가 있습니다. 부사를 공부할 때에는 위치에 주의하면서 공부해야 합니다.

- I can speak French well. 나는 프랑스어를 잘 말할 수 있다.
  well: 부사
- Studying French is very hard. 프랑스어를 공부하는 것은 매우 어렵다.
  very: 부사

7 전치사: 신체가 완전한 기능을 하는데 필요한 장기

전치사는 **주로 명사나 대명사 앞에서** 시간이나 장소를 나타낼 때 많이 쓰이고, **동사와 명사를 연결할 때**에도 자주 쓰입니다. 예로는 in, on, of, behind, about 등이 있습니다.

- They came to Seoul station. 그들은 서울역으로 왔다.
  to: 전치사
- There is a white house on the hill. 언덕 위에 하얀색 집이 있다.
  on: 전치사

8 접속사: 산모와 태아를 연결하는 탯줄

접속사는 **단어와 단어, 문장과 문장을 연결할 때** 주로 사용합니다. 추가와 순서를 나타내는 and, but, so, for, as, because, since 등이 있습니다. 주절을 산모, 접속사로 시작되는 종속절을 태아로 볼 때, 탯줄의 역할을 한다고 볼 수 있습니다.

- I should go home before it gets dark. 어두워지기 전에, 나는 집에 가야 한다.
  before: 접속사
- He was tall and handsome. 그는 키가 크고 잘 생겼다.
  and: 접속사

영어의 문장 성분

1 주어

동작을 행하는 주체이며, '~은(는)', '~이(가)', '~것'으로 해석됩니다. 명사, 대명사, 동명사, to 부정사, 명사절이 주어로 쓰일 수 있습니다. 아래 문장에서는 명사 mountain, 대명사 she가 주어로 쓰였습니다.

- The mountain is high. 그 산은 높다.
  (mountain: 주어)
- She visited my office. 그녀가 내 사무실을 방문했다.
  (She: 주어)

2 동사

주어의 동작이나 상태를 나타내며, 주로 '~을 하다', '~이다'로 해석됩니다. 문장에서 주어와 동사는 꼭 필요한 성분이어서 하나 이상씩은 가지고 있습니다.

- I have dinner at 6 in the afternoon. 나는 오후 6시에 저녁을 먹는다.
  (have: 동사)
- He seems gentle to me. 그는 나에게 친절한 것 같아 보인다.
  (seems: 동사)

3 목적어

동사의 대상이나 목적이 되며, '~을', '~를'로 해석됩니다. 주어로 쓸 수 있는 품사인 명사, 대명사, 동명사, to 부정사, 명사절 모두를 목적어로도 쓸 수 있습니다. 명사 Diane은 met의 목적어이고, 동명사 reading은 enjoy의 목적어입니다.

- I met Diane last night. 나는 어젯밤에 다이앤을 만났다.
  (Diane: 목적어)
- I enjoy reading books. 나는 독서를 즐긴다.
  (reading: 목적어)

4 보어

동사의 뜻을 보충하여 주어나 목적어의 의미를 구체화 해줍니다. 명사와 형용사는 문장에서 보어의 역할을 할 수 있습니다. singer는 주어 mother의 보어, kind는 주어 you의 보어입니다.

- My mother is a singer. 우리 엄마는 가수다.
  (singer: 보어)
- You look kind. 너 친절한 것 같아.
  (kind: 보어)

5 수식어

문장을 구성하는 주어, 동사, 목적어, 보어와 같은 필수요소 외에 수식어가 있습니다. 수식어는 문장에서 꼭 필요한 요소는 아니지만 문장을 아름답게 만들며 더 많은 정보를 줍니다. 다음 문장에서 in Boston과 at 10 o'clock은 수식어입니다.

• Mr. Fisher lives in Boston. 피셔 씨는 보스턴에 산다.
  (in Boston: 수식어)

• We're meeting him at 10 o'clock. 우리는 그를 10시에 만날 것이다.
  (at 10 o'clock: 수식어)

01 Part

We study English.

인칭대명사와 be동사

그녀나 그 같은 말이 따로 없어서 매번 이름을 불러야 한다면 어떨까요? 철수는 대학생이다. 영희는 철수와 같은 대학에 다닌다. 철수는 영희를 좋아한다. 철수와 영희는 오랜 시간 같은 동네에 살았다. 철수와 영희는… 좀 더 간단하게 말할 수 없을까요? 인칭대명사가 이를 해결해 줍니다. 인칭대명사는 사람 또는 사물의 이름을 대신해서 쓰는 말입니다. 대명사는 문장 내에서 쓰이는 용도가 달라서 주어 역할을 할 때, 목적어 역할을 할 때, 소유의 의미를 가질 때 단어 형태가 각각 달라집니다.

한편 이러한 인칭과 함께 따라 변하는 be동사의 형태를 아는 것도 중요합니다. be동사는 현재형(am, are, is)과 과거형(was, were) 5가지 형태로 '~이다(~였다)'와 '~있다(~있었다)'의 뜻을 담당하며 말하기의 많은 부분을 차지합니다.

UNIT 1

We study English. 인칭대명사와 격 변화

1

We study English. 우리는 영어를 공부해.

She likes **it**. 그녀가 그것을 좋아해.

1 사람을 가리키는 대명사인 **인칭대명사**에서는 인칭(1/2/3인칭), 수(단수/복수), 격을 맞추는 것이 중요하다. 격은 일종의 자격으로써 **주격**은 주어의 자격, **목적격**은 목적어의 자격, **소유격**은 소유어의 자격이 된다.

인칭	수	주격(~은/는)	소유격(~의)	목적격(~을/를)
1인칭	단수	I	my	me
	복수	we	our	us
2인칭	단수	you	your	you
	복수	you	your	you
3인칭	단수(남성)	he	his	him
	단수(여성)	she	her	her
	단수(중성)	it	its	it
	복수(중성)	they	their	them

2 인칭대명사의 복수형

- I like apples. My friend likes apples. → **We**(my friend and I) like apples.
  우리는 사과를 좋아해.
- You like apples. He likes apples. → **You**(you and he) like apples. 너희들은 사과를 좋아해.
- He likes apples. She likes apples. → **They**(he and she) like apples. 그들은 사과를 좋아해.

PRACTICE

A. 격에 유의하여 빈칸에 알맞은 인칭대명사를 쓰세요.

1. Come to Korea. _________ is a wonderful country.
2. Mr. Kim has a job interview soon. ______ is nervous.
3. I like apples. She likes _________, too.
4. _________ parents live in Seoul. She visits them on weekends.

B. 복수형 표현에 유의하여 빈칸에 알맞은 인칭대명사를 쓰세요.

1. She and I go to the same school. _________ like _________ school.
2. He and she will come to the party. _________ are excited.
3. I hope you and I can be best friends. _________ will make good friends.
4. You and he are old friends. Why did _________ fight yesterday?

UNIT 2

Mine is not working. 소유격과 소유대명사

2

Mine is not working. 내 것은 고장 났어.

Whose pen is this? 이 펜은 누구 건가요?

1 **소유격 + 명사**의 형태는 **소유대명사**를 써서 '~의 것'으로 나타낼 수 있다. 사물은 다른 것을 소유할 수 있는 주체가 아니므로, it의 소유대명사는 따로 없다.

종류	단수					복수		
주격	I	you	he	she	it	we	you	they
소유격(~의)	my	your	his	her	its	our	your	their
소유대명사(~것)	mine	yours	his	hers	X	ours	yours	theirs

- I can't find **my** umbrella. **Mine** is yellow. 내 우산을 찾을 수 없네. 내 것은 노란색인데.
- The books on the table are **ours.** 테이블 위에 있는 책들은 우리 것이야.
- This camera is not **yours.** It is **hers.** 이 카메라 네 것이 아니야. 그건 그녀의 것이야.

2 **Whose** + **명사**의 형태를 써서 '누구의 ~인가요?'라고 물을 수 있다. 대답은 **소유격** + **명사**나 **소유대명사**로 할 수 있다.

- **Whose paper** is this? 이것은 누구의 종이인가요?
  – It is **his**(his paper). 그의 것이에요.
- **Whose shoes** are these? 이것은 누구의 신발인가요?
  – They are **hers**(her shoes). 그녀의 것이에요.

PRACTICE

A. 괄호 안에서 알맞은 것을 고르세요.

1. These boots are (her / hers).
2. The problem is not (our / ours). It is (their / theirs) problem.
3. It is (you / your) book. It is not (my / mine).
4. (My / Mine) hair is black and (her / hers) is light brown.

B. 괄호 안에 주어진 단어를 사용하여 대화를 완성해 보세요.

1. A : ______________ is this? (computer) B : It is __________. (she)
2. A : ______________ are these? (pants) B : They are __________. (he).
3. A : ______________ are in that room? (bags) B : Maybe they are __________. (they)
4. A : ______________ is this? (umbrella) B : It is __________. (I)

UNIT 3

It's Jane's. 명사의 소유격

3

It's **Jane's.** 그것은 제인의 것이야.

Look at the top **of** that mountain.
저 산 꼭대기 좀 봐봐.

1 특정인의 것을 나타낼 때는 그 사람의 뒤에 **'s**를 쓴다. –s로 끝나는 복수명사는 s없이 **'**만 쓴다.

- **Jane's** book 제인의 책
- **Tom's** pen 탐의 연필
- **my parents'** house 우리 부모님의 집
- **kids'** toys 아이들의 장난감

2 –'s로 소유를 나타낼 때 뒤에 **명사를 생략**할 수 있다.

- I like your dress. 드레스 마음에 든다.
  - It is not mine. It is **my sister's**. (It is **my sister's dress**.) 내 옷 아니야. 우리 언니 것이야.
- Whose place are we meeting at today? 오늘 우리 누구네 집에서 만나?
  - **Jun's**. (**Jun's house**.) 준네 집에서.

3 무생물의 소유격에는 **of(~의)**를 사용하여 표시한다. A of B에서 B의 A, A는 B의 일부분이다.

- the roof **of** the house 집의 지붕
- the seat **of** the chair 의자의 좌석

PRACTICE

A. 우리말과 뜻이 같도록 '(아포스트로피)를 활용하여 빈칸을 채우세요.

1. 내 삼촌 집은 나의 집 옆에 있다. My ________________ house is next to mine.
2. 그녀는 이 꽃들을 좋아한다. 그것은 Suji의 것이다.
   She likes these flowers. They are ____________________.
3. 이 것은 여고이다. This is a ____________________ high school. (복수명사)
4. 이 자동차는 내 부모님의 것이다. This car is ____________________. (복수명사)

B. 괄호 안의 단어와 of를 사용하여 빈칸을 채우세요.

1. Look at ____. (the top, the building)
2. The ship sank to ____________________________________. (the sea, the bottom)
3. I don't remember ____________________________________. (the song, the name)
4. What is ____? (the title, the movie)

UNIT 4

I am happy. 주어와 be동사

4

I **am** happy. 나는 행복해.

She **is** my English teacher. 그녀는 나의 영어 선생님이야.

1 **be동사**에는 '~이다'의 뜻을 가지는 현재형(am/are/is)과 '~였다'의 뜻을 가지는 과거형(was/were)이 있고 원형은 be이다.

- I **am** happy. 나는 행복해.
- He **is** a student. 그는 학생이야.
- They **were** happy with the result. 그들은 그 결과에 만족했어.

2 **be동사**는 인칭과 시제에 따라 변한다.

		현재형		과거형	
	주어	be동사	줄임말	be동사	줄임말
단수	I	am	I'm	was	없음
	You	are	You're	were	
	He	is	He's	was	
	She		She's		
	It		It's		
복수	We	are	We're	were	
	You		You're		
	They		They're		

PRACTICE

A. 알맞은 be동사를 사용하여 문장을 완성해 보세요.

1. He and she __________ close to each other.
2. My cousin __________ from Canada.
3. She __________ a singer 5 years ago.
4. We __________ tired at that time.

B. 다음 각 문장을 줄여서 다시 써 보세요.

1. I am only a beginner. → ______________________________
2. You are so beautiful. → ______________________________
3. They are close friends. → ______________________________
4. She is kind to everyone. → ______________________________

UNIT 5

She is in the park.

There be ~있다

5

She **is** in the park. 그녀는 공원에 있어.

There was some problem. 어떤 문제가 있었어.

1 be동사의 해석에는 **'~이다(~였다)'** 이외에 **'~있다(~있었다)'**의 뜻이 있다.

- Where **were** you yesterday? 너희들 어제 어디 있었어?
- She and I **are** in the same class. 그녀와 나는 같은 반이다.
- I **was** in the hospital for three days. 나는 3일간 병원에 입원해 있었다.

2 **There be ~** 구문으로 **'~이 있다(있었다)'**를 나타낼 수 있다.

	의미	단수명사 / 셀 수 없는 명사	복수명사
현재	~이 있다	There is	There are
과거	~이 있었다	There was	There were

- **There is** a tree in the garden. 정원에 나무가 있다.
- **There are** no students in the classroom. 교실에 학생들이 아무도 없다.
- **Were there** a lot of people at the concert? 그 콘서트에 사람이 많이 왔어?

PRACTICE

A. be동사에 유의하여 다음 문장을 해석해 보세요.

1. My parents are in the next room. → ______________________________
2. She wasn't in her room at that time. → ______________________________
3. There is not much time left. → ______________________________
4. There were many cars on the roads yesterday. → ______________________________
5. Are there so many people on the market? → ______________________________

B. There be ~ 구문을 사용하여 문장을 완성해 보세요.

1. ______________________ not enough time last night.
2. ______________________ water in the cup?
3. ______________________ a movie theater near my house.
4. ______________________ so many books on the shelf.
5. ______________________ no classes yesterday.

Writing

1 나는 그들을 내 생일 파티에 초대할 것이다.

_____ will invite _____ to my birthday party.

2 내 가방은 파란색이고 그녀의 것은 빨간색이다.

_____ _____ is blue and _____ is red.

3 우리는 그 게임의 우승자이다.

_____ are the _____ of the game.

4 그 책의 제목이 뭐지?

What is _____ _____ of _____ _____ ?

5 내 오빠는 서른 살이고, 내 여동생들은 스무 살이다.

My brother _____ 30 years old. My sisters _____ 20 years old.

6 그 빌딩 앞에는 주차장이 하나 있다.

_____ _____ a parking lot in front of the building.

Words

invite 초대하다	bag 가방	hers 그녀의 것
winners 우승자	title 제목	parking lot 주차장

This is it!

(A) Ha-young is his granddaughter.

(B) Ha-young is a granddaughter of his.

위 두 문장의 차이점은 무엇일까요?

'Ha-young은 그의 손녀다'라는 것은 두 문장이 공통적으로 암시하고 있는 사실입니다. 그러나 (A)가 내포하는 의미를 좀 더 정확히 살펴 보면, 'Ha-young은 그의 유일한 손녀다'가 됩니다. 한국말에서 '하영이는 그의 손녀야'라고 말할 때 그녀가 그의 유일한 손녀인지, 여럿 중에 하나인지 알 수 없지만 영어에서는 굳이 'only(유일한)'라는 단어를 쓰지 않더라도 알 수가 있습니다.

(B)를 보면 명사의 소유격에 사용되는 of(~의)와 his(그의)라는 인칭대명사의 소유격이 이중으로 사용되고 있습니다. his뒤에는 granddaughters라는 명사가 생략되어 있기 때문에, (B)를 해석해 보면 'Ha-young은 그의 손녀딸들 중에 한 명이다'가 됩니다. 즉, (B)에서 그에게는 손녀딸이 여러 명임을 알 수 있습니다.

(C) She's Minari's girlfriend. (O)
(D) She's a Minari's girlfriend. (X)
(E) She's a girlfriend of Minari's. (O)

위에서 (D)는 틀린 문장입니다. 왜 틀렸을까요? 부정관사 a와 소유격 's를 나란히 썼기 때문입니다. 그럼 왜 부정관사와 소유격을 나란히 쓰면 안 될까요? She is a my girlfriend.는 왜 틀린 문장일까요?

a는 막연한 어떤 하나를 뜻하고, my는 '나의'라는 구체적인 뜻을 지니기 때문입니다. 그래서 a my friend는 '막연한 어떤 내 친구'라는 뜻이 되어 버립니다. 그래서 a나 my중에 하나를 빼야 올바른 문장이 됩니다.

(C)는 어떤 상황에서 쓸까요? 그녀는 Minari의 단순한 friend가 아니라 girlfriend임을 강조하는 표현입니다. 그에 반해 (E)는 '그녀는 Minari의 여럿 여자친구 중에 하나'라는 뜻이 됩니다. 즉, (E)에서 Minari는 바람둥이가 되어버립니다.

02
Part

I am not sad.
부정문과 의문문

아주 많은 동사들이 주어의 움직임을 표현합니다. 주어가 무엇을 하고 있는지를 열심히 설명합니다. 그야 말로 be동사를 제외한 무수히 많은 일반동사들이 그렇습니다. 반면 be동사는 주어가 누구며 어떤 감정을 가지고 있는지 말해주고, 주어를 규정하거나 서술해 주는 연결동사입니다.

이러한 두 종류의 동사는 각각 다른 방법으로 부정문과 의문문을 만듭니다. 동작이나 상황을 정확히 나타내주고 그에 따른 생각이나 감정을 솔직하게 전달하기 위해서 우리는 부정의 말과 의문의 말이 필요합니다.

UNIT 6

I am not sad.

be동사의 부정형

6

I **am not** sad. 나는 슬프지 않아.

They **were not** kind to us yesterday.
그들은 어제 우리에게 친절하지 않았어.

1 be동사의 부정은 be 뒤에 not만 붙이면 된다.

- I'**m not** sad. 나는 슬프지 않아.
- They **are not** university students. 그들은 대학생이 아니야.
- We **were not** wrong. 우리는 틀리지 않았었어.

2 be동사의 부정형은 축약할 수 있다.

		현재형		과거형	
	주어	기본형태	줄임말	기본형태	줄임말
단수	I	am not	I'm not	was not	I wasn't
	You	are not	You're not / You aren't	were not	You weren't
	He	is not	He's not / He isn't	was not	He wasn't
	She		She's not / She isn't		She wasn't
	It		It's not / It isn't		It wasn't
복수	We	are not	We're not / We aren't	were not	We weren't
	You		You're not / You aren't		You weren't
	They		They're not / They aren't		They weren't

PRACTICE

A. 다음 각 문장을 부정문으로 만들어 보세요.

1. The bag is very expensive. → ______________________
2. I am good at math. → ______________________
3. They were late for school. → ______________________
4. Her book is blue. → ______________________

B. 다음 각 문장의 밑줄 친 부분을 줄여서 다시 써 보세요.

1. <u>She is not</u> from England. → ______________________
2. <u>My books are not</u> easy. → ______________________
3. <u>He was not</u> 20 years old. → ______________________
4. <u>We are not</u> students. → ______________________

UNIT 7

I don't like it. 일반동사의 부정문

I **don't like** it. 나는 그게 마음에 안 들어.

She **doesn't agree** with me. 그녀는 나와 생각이 달라.

1 **일반동사의 부정문: 동사 do/does와 부정의 의미 not, 그리고 동사원형**의 순서로 나타낸다. 여기서 일반동사란 be동사를 제외한 모든 동사를 말한다.

- I like pizza. 나는 피자를 좋아해. → I **do not like** pizza. 나는 피자를 좋아하지 않아.

3인칭 단수동사인 경우, 동사 끝에 (e)s가 있으면 do 대신 does(do의 3인칭 단수형)를, 동사가 과거면 did(do의 과거형)를 쓴다. 조동사 do/does/did가 문법적으로 동사를 도와주는 역할을 하므로(시제와 3인칭 단수표시) 뒤에 동사는 항상 원형으로 온다.

- She likes sad movies. 그녀는 슬픈 영화를 좋아해.
  → She **does not like** sad movies. 그녀는 슬픈 영화를 좋아하지 않아.
- We ordered juice. 우리는 주스를 주문했어. → We **did not order** juice. 우리는 주스를 주문하지 않았어.

2 **일반동사의 부정형**은 축약할 수 있으며 축약형이 더 빈번히 사용된다.

- I **don't go** there. (do not → don't) 나는 거기 안 가.
- The kid **doesn't eat** kimchi. (does not → doesn't) 그 아이는 김치를 안 먹어.
- They **didn't say** a word to me. (did not → didn't) 그들은 나에게 한마디 말도 안 했어.

PRACTICE

A. 다음 각 문장을 부정문으로 만들어 보세요.

1. I like to go shopping. → ____________________
2. She walks to school. → ____________________
3. We watched a movie last night. → ____________________
4. They came to see me yesterday. → ____________________

B. 괄호 안에서 알맞은 것을 고르세요.

1. My parents (don't live / doesn't live) in Korea.
2. He (don't talk / doesn't talk) a lot.
3. My sister and I (don't go / doesn't goes) out on the weekend.
4. She (doesn't help / didn't help) me yesterday.

UNIT 8

Are you ok? be동사의 의문문

8

Are you ok? 너 괜찮니?

Were you angry with me? 나한테 화났었어?

1 **be동사의 의문문:** be를 주어 앞에 쓰고, 문장의 끝에는 물음표(?)를 붙인다.

- **Are** you a student? 너는 학생이니?
- **Is** he a famous actor? 그는 유명한 배우야?
- **Was** he sick yesterday? 그가 어제 아팠니?

2 **be동사의 의문문**에 Yes나 No로 짧게 답할 수 있다.

	현재형			과거형		
	의문형		대답	의문형		대답
단수	Am	I	Yes, you are. / No, you aren't.	Was	I	Yes, you were. / No, you weren't.
	Are	You	Yes, I am. / No, I'm not.	Were	You	Yes, I was. / No, I wasn't.
	Is	He	Yes, he is. / No, he isn't.	Was	He	Yes, he was. / No, he wasn't.
		She	Yes, she is. / No, she isn't.		She	Yes, she was. / No, she wasn't.
		It	Yes, it is. / No, it isn't.		It	Yes, it was. / No, it wasn't.
복수	Are	We	Yes, we are. / No, we aren't.	Were	We	Yes, we were. / No, we weren't.
		You	Yes, we are. / No, we aren't.		You	Yes, we were. / No, we weren't.
		They	Yes, they are. / No, they aren't.		They	Yes, they were. / No, they weren't.

PRACTICE

A. 다음 각 문장을 의문문으로 만들어 보세요.

1. It is warm outside. → __________
2. They were nice to you. → __________
3. The music was interesting. → __________
4. They are happy with the result. → __________

B. 다음 의문문에 대해 Yes와 No로 각각 대답해 보세요.

1. Is she kind? → __________
2. Are you nervous? → __________
3. Were you surprised at the news? → __________
4. Was Mr. Kim a dancer? → __________

UNIT 9

Do you like spicy food? 일반동사의 의문문

9

Do you **like** spicy food? 매운 음식 좋아해?

Did she **help** her mom yesterday?
그녀는 어제 엄마를 도와드렸니?

1 일반동사의 의문문: Do/Does/Did로 시작하고, 문장의 끝에는 물음표(?)를 붙인다.

- You like Italian food. 당신은 이탈리아 음식을 좋아한다.
  → **Do** you **like** Italian food? 당신은 이탈리아 음식을 좋아하나요?

부정형과 마찬가지로 조동사 do/does/did가 문법적으로 동사를 도와주는 역할을 하므로(시제와 3인칭 단수표시) 뒤에 동사는 항상 원형으로 온다.

- That food tastes good. 저 음식 맛이 좋아. → **Does** that food **taste** good? 저 음식 맛이 좋아?
- They finished it. 그들은 그것을 끝냈어. → **Did** they **finish** it? 그들은 그것을 끝냈지?

2 일반동사의 의문문에 대한 대답: 긍정일 때 **Yes, 주어 + do/does/did, 부정**일 때 **No, 주어 + do/does/did not**으로 한다.

- **Do** you **want** to meet her? 너는 그녀를 만나길 원해?
  - **Yes, I do**. / **No, I don't**. 응, 그래. / 아니, 그렇지 않아.
- **Does** he **live** in Paris? 그는 파리에 사니?
  - **Yes, he does**. / **No, he doesn't**. 응, 그래. / 아니, 그렇지 않아.
- **Did** she **have a** fun time? 그녀는 즐거운 시간을 보냈니?
  - **Yes, she did**. / **No, she didn't**. 응, 그랬어. / 아니, 그렇지 않았어.

PRACTICE

A. 다음 각 문장을 의문문으로 만들어 보세요.

1. He practices it every weekend. → ______________________________
2. Many people watch TV at night. → ______________________________
3. Her friends talked about the news. → ______________________________
4. You made this toy. → ____________________

B. 다음 의문문에 대해 Yes와 No로 각각 대답해 보세요.

1. Do many people say hello to him? → ______________________________
2. Does he have a child? → ______________________________
3. Did you wake up early this morning? → ______________________________
4. Did they meet him yesterday? → ______________________________

UNIT 10

Who is he? 의문사가 있는 be동사의 의문문

10

Who is he? 그는 누구니?

Why were you angry? 너는 왜 화가 났었니?

1 be동사의 의문문 앞에 **의문사**를 넣어 구체적으로 질문할 수 있다.

의문사	의문문
who 누구	**Who** is he? 그는 누구니?
whose 누구의(것)	**Whose** car is this? 이 차는 누구의 것이니?
when 언제	**When** is your birthday? 너는 생일이 언제니?
where 어디에	**Where** are you from? 너는 어디에서 왔니?(어느 나라 출신이니?)
what 무엇	**What** is your name? 너의 이름이 무엇이니?
how 어떻게, 얼마나	**How** is the weather today? 오늘 날씨가 어때요? **How** old are you? 너는 몇 살이니?
why 왜	**Why** are you so happy? 너는 왜 이렇게 기분이 좋아?
which 어느(것)	**Which** book is yours? 어느 책이 네 것이니?

2 **의문사 의문문의 대답:** Yes, No가 아닌 질문에 알맞은 내용으로 말해야 한다.

- **When** is your birthday? 너의 생일은 언제니? - It's August 5th. 8월 5일이야.
- **Whose** book is this? 이 책은 누구 것이니? - It's Jun's. 준이 것이에요.
- **Who** were they? 그들은 누구였니? - They were my cousins. 그들은 제 사촌들이였어요.

PRACTICE

A. 주어진 의문사를 사용하여 대화를 완성해 보세요.

Who Whose When Where What How Why Which

1. A : ______________ pens are these? B : They're hers.
2. A : ______________ is bigger, a lion or a tiger? B : A tiger is bigger.
3. A : ______________ was he absent? B : He was sick.
4. A : ______________ are you today? B : I'm good.

B. 다음 밑줄 친 부분을 묻는 의문사 의문문을 만들어 보세요.

1. A : ______________________________ B : My favorite color is green.
2. A : ______________________________ B : His wedding anniversary is in September.
3. A : ______________________________ B : It is 5,000 won.
4. A : ______________________________ B : I'm 15 years old.

Writing

1 아직 확실치는 않아요.

I ______ ______ ______ yet.

2 그들은 그 결과에 만족하지 못했다.

They ______ ______ ______ with the result.

3 우리는 즐거운 시간을 가지지 못했어.

We ______ ______ a great time.

4 그녀는 유명한 가수니?

______ ______ a famous singer?

5 너 어제 열심히 일했니?

______ you ______ hard yesterday?

6 그녀의 생일이 언제야?

______ ______ her birthday?

Words

sure 확실한

have a great time 즐거운 시간을 보내다

be satisfied with ~에 만족하다

singer 가수

work 일하다

This is it!

일상 생활을 하며 우리는 너무도 많이 '나 자신'에 대한 이야기를 합니다. 나는 누구이고, 나는 무엇을 하고 싶으며, 나중엔 어떤 사람이 되고 싶다 등. 언어를 공부하면서, 나에 대한 정보를 주기 위해 나(I)로 시작하는 문장을 많이 만들게 됩니다. 그러나 나에 대한 이야기를 하는 만큼 상대방의 감정을 물어보고, 먹고 싶은 것은 뭔지, 하고 싶은 일은 뭔지 물어 볼 수도 있어야 합니다. 그래서 우리는 의문문을 어떻게 만들지 잘 배워야 합니다.

She is satisfied with her life. 그녀는 자신의 삶에 만족하고 있다.

Is she satisfied with her life? 그녀는 자신의 삶에 만족하나요?

주어를 서술해 주는 단어가 be동사인 경우에는 의문문을 만들 때 주어와 be동사의 위치만 바꿔주면 되는데, 우리말에서 의문형 조사(~나요?, 입니까?)가 붙는 것과 많은 차이가 있습니다. 영어는 '위치의 언어'여서, 어순이 굉장히 중요합니다. 영어는 단어의 배열 순서에 따라 문장의 의미가 확연히 달라지기 때문입니다. 우리말은 조사가 강력하게 발달해 있기 때문에, 순서가 섞여있더라도 영어에 비해 문맥을 파악하기가 쉽습니다. 그래서 대화를 하다 보면 한국말은 조금만 들어도 대충 내용을 파악하고 말을 끊는 경우가 많은데, 영어는 문장을 끝까지 듣지 않는 한 무슨 내용인지 한국어에 비해 파악하기가 좀 더 힘듭니다.

어순의 재배열만으로는 모든 문제를 해결할 수 없기 때문에, 일반동사 의문문에서 Do라는 조동사를 등장시켜 이 문제를 해결하고 있습니다.

그래서

You gave him a present. 넌 그에게 선물을 주었다.

Did you give him a present? 넌 그에게 선물을 주었니?

만약에 be동사처럼 순서만 바꿔 의문문을 'Gave you him a present?' 라고 만들면 give라는 동사 뒤에 you, him, a present라는 3개의 목적어가 생기게 되고, 도대체 누구에게 무엇을 주었는지 알 수 없게 됩니다. 그래서 Do라는 단어를 등장시켜 영어가 가진 어순의 문제점을 해결하고 있습니다.

03 Part

I am working now.

동사의 진행시제

'나는 학교에 간다'는 I go to school이라고 하면 됩니다. 그렇다면 나는 어제 학교에 갔을까요, 안 갔을까요? 내일도 학교에 갈까요? 대답은 모두 Yes입니다. 우리가 알고 있는 현재는 지금 바로 이 순간만을 이야기하지 않습니다. 그 보다는 옛날에도 그랬고, 지금도 그렇고, 특별한 이유가 없는 한 변하지 않고 지속될 현상인 겁니다.

그렇다면 진짜 현재 하고 있는 일을 어떻게 나타낼까요? 지금 운전을 하고 있는 중이고, 내 친구가 일하고 있는 중이고, 엄마가 지갑을 찾고 있는 상황을 전달하고 싶다면 진행시제를 써주면 됩니다. 진행 시제는 be동사와 동사원형+ing로 표현합니다. 현재진행형이 아니더라도 'be동사 + -ing'를 활용해서 과거나 미래의 일시적인 상황을 나타낼 수도 있습니다.

UNIT 11

I am working now. 현재진행형

11

I am working now. 나는 지금 일하고 있는 중이다.

My sister **is cooking** delicious food.
내 여동생은 맛있는 음식을 요리하는 중이다.

1 현재진행형: be동사(am/are/is) + 동사원형+ing. 일시적인 현재의 상황을 표현할 때 쓴다. '~하는 중이다', '(지금) ~하고 있다'로 해석한다.

I	am('m)	동사원형 +ing	I **am reading** a book. 나는 책을 읽는 중이야.
You	are('re)		You **are driving** too fast. 너 (지금) 운전 속도가 너무 빨라.
He/She/It	is('s)		He **is using** the computer. 그가 (지금) 컴퓨터를 사용하고 있어.
We/They	are('re)		They **are watching** TV. 그들은 (지금) 텔레비전을 보고 있어.

2 동사원형+ing를 만드는 규칙은 다음과 같다.

대부분의 동사	동사원형+ing	ask – asking, study – studying
자음 + e로 끝나는 동사	e를 빼고 +ing	ride – riding, take – taking
모음 + e로 끝나는 동사	e를 빼지 않고 +ing	be – being, see – seeing
ie로 끝나는 동사	ie를 y로 고친 후 +ing	die – dying, lie – lying
모음 + 자음으로 끝나는 동사	마지막 자음을 한번 더 쓰고 +ing	run – running, get – getting

PRACTICE

A. 다음 동사의 -ing형을 쓰세요.

1. arrive - ______________ 2. begin - ______________ 3. tie - ______________
4. stop - ______________ 5. watch - ______________ 6. write - ______________
7. see - ______________ 8. shop - ______________

B. 괄호 안의 동사를 알맞게 변형하여 현재진행형의 문장을 만들어 보세요.

1. My son ______________ hard in the library. (study)
2. Her grandparents ______________ the plants in the garden. (water)
3. I ______________ basketball with my friends. (play)
4. Balloons ______________ up into the sky. (fly)
5. We ______________ the dishes. (wash)

UNIT 12

I am not writing a letter. 현재진행형의 부정문과 의문문

🎧 12

I am not writing a letter.
나는 편지를 쓰고 있는 중이 아니다.

Who are you **talking** to?
당신은 누구와 이야기 중인가요?

1 현재진행형의 부정문: be동사(am/are/is) + not + 동사원형+ing의 형태로 쓴다.

I	am not ('m not)	동사원형 +ing	**I'm not doing** anything. 아무것도 안 하고 있어.
You	are not ('re not / aren't)		You **aren't sleeping**. 너는 자고 있지 않아.
He/She/It	is not ('s not / isn't)		She'**s not eating** lunch. 그녀는 점심을 먹는 중이 아니야.
We/They	are not ('re not / aren't)		They'**re not working** now. 그들은 지금 일하고 있지 않아.

2 현재진행형의 의문문: 주어와 be동사의 순서를 바꾼다. 대답은 be동사의 현재로 한다.

- **Are** you **studying** English? 당신은 영어를 공부하는 중입니까? - **Yes, I am**. / **No, I'm not**.
- **Is** he **sleeping** on a couch? 그는 소파에서 자고 있습니까? - **Yes, he is**. / **No, he isn't**.

앞에 의문사를 첨가하여 질문할 수 있다.

- **What is** she **doing** now? 그녀는 지금 무엇을 하고 있나요?
- **Why are** they **crying**? 왜 그들이 울고 있나요?

PRACTICE

A. 주어진 대답에 알맞은 현재진행형의 의문문을 만들어 보세요.

1. A: ________________ B: I'm doing my homework.
2. A: ________________ B: He is fixing her car.
3. A: ________________ B: They are singing a song.
4. A: ________________ B: Yes, I am. I'm reading a book.
5. A: ________________ B: No, he isn't. He is not riding a bike.

B. 우리말과 뜻이 같도록 괄호 안의 동사를 알맞게 변형하여 문장을 완성하세요.

1. 나는 그녀의 연필을 찾고 있는 중이 아니야. I ________________ her pencil. (look for)
2. 그들은 노래를 연습하고 있는 중이 아니야. They ________________ a song. (practice)
3. 우리는 학교로 뛰어 가고 있는 중이 아니야. We ________________ to school. (run)
4. 그 남자는 설거지를 하고 있는 중이 아니야. The man ________________ the dishes. (do)

UNIT 13

I was helping my mom. 과거진행형

I **was helping** my mom.
나는 엄마를 도와드리고 있었어.

We **were playing** the guitar in the afternoon.
우리는 오후에 기타를 치고 있었어.

1 **과거진행형: be동사 과거형(was/were) + 동사원형+ing.** 과거의 일시적인 상황을 표현할 때 쓴다. '~하는 중이었다, (그때) ~하고 있었다'로 해석한다.

I	was	동사원형 +ing	I **was reading** a newspaper. 나는 신문을 읽고 있었어.
You	were		You **were using** a computer. 너는 컴퓨터를 사용하고 있었어.
He/She/It	was		He **was swimming** in the pool. 그는 수영장에서 수영하고 있었어.
We/They	were		They **were playing** baseball. 그들은 야구를 하는 중이었어.

2 **과거진행형**은 과거의 어느 때를 나타내는 말과 함께 쓰인다.

- I **was studying** English in New York **in 2010.** 나는 2010년에 뉴욕에서 영어를 공부하고 있었다.
- My brother **was sleeping at that time.** 나의 남동생은 그때 자고 있었다.
- She **was watering** the plant **yesterday morning.** 그녀는 어제 아침 식물에 물을 주고 있었다.
- We **were listening** to music **last night.** 지난 밤 우리는 음악을 듣고 있었다.
- They **were crossing** the road **five minutes ago.** 그들은 5분 전에 길을 건너고 있었다.

PRACTICE

A. 괄호 안의 동사를 알맞게 변형하여 과거진행형의 문장을 만들어 보세요.

1. My family ________________ a soap opera together yesterday night. (watch)
2. They ________________ a party last weekend. (have)
3. Seho ________________ her a text message. (send)
4. We ________________ to music in the classroom. (listen)

B. 다음 각 문장을 과거진행형으로 만들어 보세요.

1. He rode a motorcycle at that time. → ________________
2. We followed him in the distance. → ________________
3. She did her homework. → ________________
4. They cleaned the room in the morning. → ________________

UNIT 14

I wasn't reading a text message. 과거진행형의 부정문과 의문문

14

I **wasn't reading** a text message.
나는 문자를 읽는 중이 아니었다.

Were they **talking** to each other?
그들은 서로 이야기를 나누고 있는 중이었니?

1 과거진행형의 부정문: be동사 과거형(was/were) + not + 동사원형+ing의 형태로 쓴다.

I	was not (wasn't)	동사원형 +ing	I **wasn't taking** a shower. 나는 샤워하고 있지 않았어.
You	were not (weren't)		You **weren't waiting** for me. 너는 나를 기다리고 있지 않았어.
He/She/It	was not (wasn't)		She **wasn't driving** the car. 그녀는 운전 중이 아니었어.
We/They	were not (weren't)		We **weren't listening.** 우리는 듣지 않고 있었어.

2 과거진행형의 의문문: 주어와 be동사의 순서를 바꾼다. 대답은 be동사의 과거로 한다.

- **Were** you **fixing** the car? 당신은 그 차를 고치고 있었나요? - **Yes, I was. / No, I wasn't.**
- **Were** they **preparing** a meal? 그들은 식사 준비를 하고 있었나요? - **Yes, they were. / No, they weren't.**

앞에 의문사를 첨가하여 질문할 수 있다.

- **What were** you **doing** at two o' clock? 2시에 뭐 하고 있었니?

PRACTICE

A. 우리말과 뜻이 같도록 괄호 안의 동사를 알맞게 변형하여 문장을 완성하세요.

1. 나는 체육관에서 운동 중이 아니었어. I ______________________ in the gym. (exercise)
2. 너는 거리를 걷고 있는 중이 아니었어. You ______________________ down the streets. (walk)
3. 우리는 치킨을 먹고 있는 중이 아니었어. We ______________________ chicken. (eat)
4. 그녀는 그들과 이야기 중이 아니었어. She ______________________ with them. (talk)

B. 밑줄 친 부분을 묻는 과거진행형 의문문을 만들어 보세요.

1. A : ______________________ B : I was talking <u>to my girlfriend</u>.
2. A : ______________________ B : We were talking <u>about his promotion</u>.
3. A : ______________________ B : He was <u>cleaning his room at</u> that time.
4. A : ______________________ B : Yes, I was. I was studying math yesterday.

UNIT 15

We are moving out this Sunday. 진행형과 부사표현

15

We **are moving** out **this Sunday**.
우리는 이번 일요일에 이사할 예정이다.

She**'s always losing** her diary.
그녀는 항상 그녀의 다이어리를 잃어버린다.

1 현재진행시제: 미래를 나타내는 부사어와 함께 쓰면 미래와 예정의 의미를 가진다.

- **I'm seeing** Jane **tomorrow**. 나는 내일 제인을 만나.
- She **is leaving** for London **next month**. 그녀는 다음 달에 런던으로 떠나요.
- They **are going** abroad **next week**. 그들은 다음 주에 해외로 갈 거예요.
- We **are having** lunch at the restaurant. 우린 그 식당에서 점심 먹을 예정이야.
- **Are** you **working tomorrow**? 너는 내일 일하니?

2 진행형에 **always**를 쓰면 항상 ~하거나 예상보다 어떤 일이 더 자주 발생한다는 어감을 준다.

- She **is always complaining** about it. 그녀는 항상 그것에 대해 불평을 한단 말이야.
- He **is always giving** me a helping hand. 그분은 늘 나에게 도움을 주시고 계셔.
- I'**m always meeting** Sora on the street. 길에만 나가면 소라를 꼭 만난다니까.
- David **was always crying** when he was young. 데이빗이 어렸을 땐 항상 울어댔다니까.

PRACTICE

A. 우리말과 뜻이 같도록 괄호 안의 동사를 알맞게 변형하여 현재진행형 문장을 완성하세요.

1. 내일 몇 시에 그를 만날 예정이니? What time ______________ tomorrow? (meet)
2. 그는 다음 주에 축구를 할 예정이다. He ______________ next week. (play)
3. 우리는 밤에 같이 TV를 볼 것이다. We ______________ together at night. (watch)
4. 그들은 오늘 저녁에 함께 저녁식사를 할 것이다. They ______________ together tonight. (have)

B. 진행형과 always에 유의하여 문장을 해석해 보세요.

1. When I worked here, I was always making mistakes. → ______________
2. He is always saying the same thing. → ______________
3. You are always losing your keys. → ______________
4. My mom is always telling me to study. → ______________

Writing

1 선원들이 배를 조종하기 위해 바람을 이용하고 있다.

The sailors ______ ______ ______ to control the boat.

2 우리는 나무 아래서 낮잠을 자고 있었어요.

We ______ ______ ______ ______ under the tree.

3 그는 그의 차를 고치고 있는 중이 아니었어.

He ______ ______ ______ his car.

4 그들은 그때 어디로 가고 있는 중이었어?

______ ______ they ______ at that time?

5 우리는 내일 다른 도시로 이사할 예정이다.

We ______ ______ to another city tomorrow.

6 그는 항상 늦게 오더라.

He ______ ______ ______ late.

Words

use wind 바람을 이용하다
take a nap 낮잠을 자다
fix 고치다
move 이사하다
always 항상

This is it!

(A) I will meet my friends tomorrow at 2 p.m.

(B) I will be meeting my friends tomorrow at 2 p.m.

위 두 문장을 볼 때, 미묘한 뉘앙스 차이가 느껴지나요? 문법적으로는 (A)는 단순미래시제, (B)는 미래진행형을 쓰고 있습니다. 영어를 시작하는 여러분뿐만 아니라, 오랫동안 영어만 접한 사람들도 미묘한 느낌의 차이를 이해하는 것이 사실 쉽지 않습니다.

그러나 중요한 것은 (B)가 생활 회화에서는 훨씬 적합한 문장이라는 것입니다. (A)는 (B)보다 훨씬 딱딱하고, 마치 '다른 약속이 취소되었기 때문에 다른 할 일이 없어서 내일 두 시에는 친구들이나 만나야겠다'라는 느낌을 줍니다. 반면에 (B)는 '예정된 대로 내일 2시에 친구들을 만날 것이다'라는 느낌이 강합니다. 또한 미래진행형이 단순미래보다 좀 더 공손한 느낌을 줍니다.

(C) What time will you be coming homc tonight?
(D) What time will you come home tonight?
(E) What time are you going to come home tonight?

위 문장들은 사실 다 같은 질문을 하고 있지만, 실제 원어민들은 압도적으로 (C)를 많이 씁니다. (C)는 오늘 밤 몇 시에 올 것이냐고 묻는 표현이지만, (D)와 (E)는 'What time do you want to come home tonight?'의 느낌이 강하기 때문입니다. 그래서 (C)가 좀 더 공손하게 들립니다.

그래서 '오늘 저녁에 외출할 건가요?'라고 물을 때, Will you go out tonight? 보다는 Will you be going out tonight?이 좀 더 공손하게 들립니다. 실제 회화에서 미래진행형을 적극 활용하면 굉장히 예의 바른 사람으로 여겨질 것입니다.

04 Part

I have just arrived.

동사의 완료형

'나 방금 도착했어.', '방금 점심 먹었어요.'와 같은 말들을 들었다면 지난 일에 대해서 이야기하는 것일까요? 아니면 단순히 과거에 이미 끝난 동작을 이야기하는 것일까요? 그것보다는 도착해서 지금 여기 있다는 뜻과 점심을 먹어서 지금 배고프지 않다는 말을 하는 것입니다.

이렇게 어떤 한 시점(과거, 현재, 미래 등)만을 가지고 이야기하는 것이 아니라 한 시점에서 출발했지만 다른 시점을 연결하며 다른 시점과 관련이 있고 그 다른 시점이 중요하다는 것을 나타낼 때 완료형을 사용합니다. 즉, 완료형은 완료한 일이 결과적으로 한 시점에 영향을 주며 그것으로 인한 상태를 나타냅니다.

UNIT 16

I have just arrived. 현재완료

16

I have just **arrived.** 나 방금 막 도착했어.

Have you ever **been** to China?
중국에 가본적 있니?

1 **현재완료: have/has + 과거분사(p.p.).** 과거의 사건이나 일이 현재까지 연결되어 현재 시점에 영향을 미치게 되는 경우 사용한다.

- I was busy last week and I am still busy.
  → I **have been** busy since last week. 나는 지난 주부터 계속 바쁘다.
- She lost her watch and she doesn't have it now.
  → She **has lost** her watch. 그녀는 시계를 잃어버려서 지금 없다.

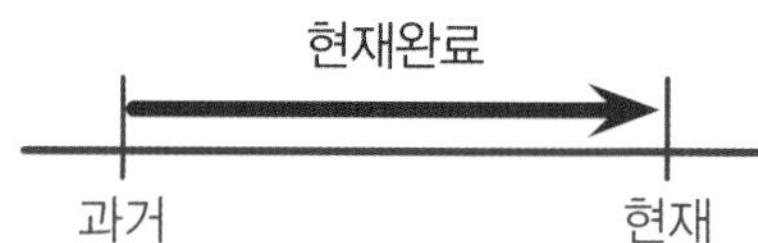

2 **현재완료의 부정문: have/has + not(never) + 과거분사(p.p.)**

- It **has not rained** this week. 이번 주에는 비가 오지 않았다.
- I **have never been** to New York. 나는 뉴욕에 가본 적이 없다.

3 **현재완료의 의문문과 대답**

- **Have + 주어 + 과거분사(p.p.)~? - Yes, 주어 + have. / No, 주어 + have not(haven't).**
- **Have** you ever **been** to China? - **Yes, I have. / No, I have not(haven't).**
  중국에 가본 적 있어요? 네, 있어요. / 아니요, 없어요.

PRACTICE

A. 우리말 뜻이 같도록 괄호 안의 동사를 알맞게 변형하여 문장을 완성하세요.

1. 나는 이 소설을 1년 동안 쓰고 있다. I ______________ this novel for a year. (write)
2. 우리는 3년 동안 이 아파트에 살고 있다. We ______________ in this apartment for 3 years. (live)
3. 그는 지갑을 잃어버려서 지금 없다. He ______________ his wallet. (lose)
4. 그녀는 전에 해외에서 일해 본 적이 있다. She ______________ abroad before. (work)

B. 다음 각 문장을 부정문과 의문문으로 만들어 보세요.

1. You have finished this by yourself. → ______________
2. They have known each other for many years. → ______________
3. They have heard about the accident. → ______________
4. He has met her before. → ______________

UNIT 17

We have worked here for ten years. 현재완료의 의미

17

We **have worked** here for ten years.
우리는 10년을 여기서 일했다.

He **has gone** to Chicago.
그는 시카고로 가 버렸다.

1 **현재완료**는 과거부터 현재에 이르기까지의 일을 나타낸다. 얼마 동안(기간) 지속되었는지는 **for**를 써서 나타내고, 언제부터(시점) 지속되었는지는 **since**를 써서 나타낸다. 경험을 표현할 때는 **ever, never, before, twice 등**과 자주 쓴다.

- We **have worked** here **for** ten years. 우리는 10년을 여기서 일했다. (계속)
- She **has loved** dolls **since** she was a child. 그녀는 어렸을 때부터 인형을 좋아했다. (계속)
- **Have** you **ever been** to Dokdo? 독도에 가본적 있어? (경험)
- I **have never ridden** a horse. 난 한번도 말을 타본 적이 없어. (경험)

2 완료 후의 현재 상황이나 결과적인 현 상태를 나타내어 '지금 어떠하다'의 뜻을 가진다.

- She **has just arrived**. 그녀는 방금 도착했다. → 지금 여기 있다. (완료)
- I **haven't finished** it **yet**. 나는 그것을 아직 끝내지 못했다. → 할 일이 남아있다. (완료)
- He **has gone** to Hawaii. 그는 하와이에 갔다. → 그는 지금 여기 없다. (결과)
- I **have lost** my key. 나는 열쇠를 잃어버렸다. → 열쇠가 없어서 집에 못 들어간다. (결과)

PRACTICE

A. 주어진 동사를 사용하여 문장을 완성해 보세요.

be	ride	end	leave

1. The plane __________ already __________ for London.
2. They __________ never __________ to Jeju island.
3. The meeting __________ just __________.
4. I ____________________ an elephant before.

B. 현재완료형에 유의하여 다음 문장을 해석해 보세요.

1. Mary has been my best friend since we met in high school. → ____________________
2. Have you ever tried Thai food? → ____________________
3. David has lost his watch. → ____________________
4. The bus has just arrived. → ____________________

UNIT 18

I have studied English for 5 years. 과거시제와 현재완료

I **have studied** English **for** 5 years.
나는 5년 동안 영어를 공부해오고 있다.

I **studied** English **yesterday**.
나는 어제 영어공부를 했다.

1 **과거**는 지나간 일의 상태나 동작만을 나타내고 현재 시점과는 관계가 없다. **현재완료**는 과거부터 현재까지 계속되는 상태나 동작을 나타내며 현재 시점과 관계가 있다.

- He **worked** here **for** ten years. 그는 여기서 10년을 일했다. (과거)
  → 과거 한때 10년을 여기서 일했다는 말
- He **has worked** here **for** ten years. 그는 10년째 이곳에서 일하고 있다. (현재완료)
  → 현재에 이르기까지 여태껏 여기서 10년을 일했다는 말
- My car **broke down** three days **ago**. 차가 3일전에 고장 났다. (과거) → 지금 쓸 수 있는지 알 수 없다.
- My car **has broken** down. 차가 고장 났다. (현재완료) → 그래서 지금 쓸 수 없다.

2 **과거시제**는 과거를 나타내는 부사구와 함께 쓴다. **현재완료**는 과거를 나타내는 표현과 특정한 때를 나타내는 단어와 함께 쓸 수 없다.

과거를 나타내는 표현	yesterday, ago, last, then, just now, in+연도
특정한 때	when, what time

- He has come here yesterday. (X) → He **came** here **yesterday**.
- When have you been to Japan? (X) → **Have** you **been** to Japan?, **When did** you **visit** Japan?
- What time have you had lunch? (X) → **Have** you **had** lunch?, **What time did** you **have** lunch?

PRACTICE

A. 괄호 안에서 알맞은 것을 고르세요.

1. When (did he move / has he moved) to London?
2. My grandfather (built / has built) our house in 2010.
3. I (did / have) never (finish / finished) this novel.
4. She (did not / has not) (eat / ate / eaten) anything since yesterday.

B. 밑줄 친 부분을 알맞게 고쳐서 다시 쓰세요.

1. They haven't gone to work 2 days ago. → ______________________
2. She has visited her grandparents in 2012. → ______________________
3. I didn't use my car since last year. → ______________________
4. We were married for 10 years. → ______________________

UNIT 19

They had already left when I got there. 과거완료

🎧19

They **had** already **left** when I got there.
내가 그곳에 갔을 때, 그들은 이미 떠나고 없었다.

I **had never seen** it before I visited the museum. 나는 박물관에 가기 전까진 한 번도 그것을 본 적이 없었다.

1 과거완료: had + 과거분사(p.p.). 과거보다 이전의 한 시점에서 과거의 어느 한 시점까지 관련이 있다. 즉, 과거의 한 시점 이전 동작 + 과거의 의미를 나타낼 때 쓴다.

- I **am** very excited because I **have** never **been** abroad before. (현재완료)
  지금까지 해외에 한 번도 가본 적이 없어서 매우 마음이 들떠.
- I **was** very excited because I **had** never **been** abroad before. (과거완료)
  그 전에는 해외에 한 번도 가본 적이 없었기에 매우 마음이 들떠있었어.

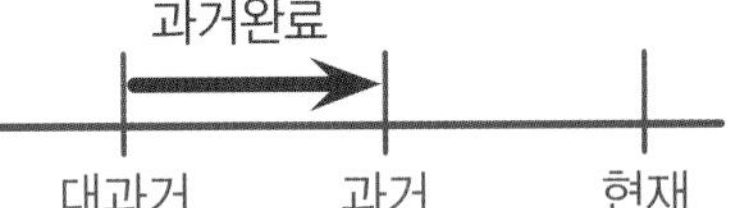

2 과거완료는 선후관계가 있는 두 과거 시점이 있어야 쓸 수 있다.

- I **was** not hungry when I **met** you. I **had** already **eaten.**
  너 만났을 때 배고프지 않았어. 그 전에 이미 먹었거든.
- He **was** very happy when he **saw** her. He **hadn't seen** her for a year.
  그는 그녀를 보았을 때 정말 기뻤어. 그는 그녀를 1년 동안 보지 못했거든.
- When we **got** home last night, we **found** that someone **had broken** into the house.
  우리가 어제 집에 도착했을 때, 누군가가 집에 침입했다는 것을 알게 되었어.

PRACTICE

A. 괄호 안의 동사를 알맞게 변형하여 과거완료형의 문장을 만들어 보세요.

1. When I arrived at the station, the train ____________________. (take off)
2 He ___________ never ___________ to New York until he turned 20. (be)
3. I ____________________ Japanese for five years when I went to Tokyo. (study)
4. We sold the machine that they ____________________ to us. (give)
5. She ____________________ in the country until she moved to the city. (live)

B. 괄호 안에서 알맞은 것을 고르세요.

1. I lost the pen that my father (has bought / had bought) for me.
2. Before she entered the room, her husband (has fallen / had fallen) asleep.
3. Sora (has lived / had lived) alone before she got married.
4. We (knew / had known) about Seho because we (met / had met) him many times.

UNIT 20

He will have arrived there by 2 p.m. 미래완료

He **will have arrived** there by 2 p.m.
그는 거기에 2시면 도착해 있을 거야.

By tomorrow I **will have worked** here for 5 years. 내일이 되면 여기서 일한지도 5년이 된다.

1 **미래완료: will(미래를 표현하는 조동사, ~할 것이다) + have + p.p.(과거분사)**. 미래에 어느 시점이 되면 ~한 결과가 생긴다는 표현을 나타낼 때 쓴다.

- He **will have arrived** there by 2 p.m. 그는 거기에 2시면 도착해 있을 거야.
- I**'ll have finished** the homework by then. 나는 그때까지 숙제를 다 끝내 놓았을 거야.
- She **will have stayed** here for 5 years by next month. 그녀는 다음 달이면 여기 머무른 지 5년이 된다.
- If I go to Canada this winter, I**'ll have been** there three times.
  내가 이번 겨울에 캐나다에 가면 세 번 가 본 것이 된다.

2 **미래완료**도 완료한 상태를 나타내므로 중점이 완료에 있지 않고 미래의 한 시점에서의 의미나 결과가 중요하다.

- The film **will** already **have started** by the time we get to the cinema.
  우리가 영화관에 도착할 때쯤이면, 영화가 벌써 시작했을 거야. → 영화 못 보겠다.
- He**'ll have left** his home by now. 그는 지금쯤 집에서 나와있을 거야. → 그는 집에 없겠다.

PRACTICE

A. 우리말과 뜻이 같도록 괄호 안의 동사를 알맞게 변형하여 미래완료형의 문장을 만들어 보세요.

1. 나는 내일까지는 네 생각이 바뀌어 있길 기대하고 있을게.
   I expect you ______________________ your mind by tomorrow. (change)
2. 루크는 내일이 되면 2주 동안 아픈 게 되는 거야.
   Luke ______________________ sick for two weeks tomorrow. (be)
3. 네가 미국에서 돌아오게 될 때쯤, 넌 영어를 완벽하게 하는 상태일 거야.
   You ______________________ your English by the time you come back from the U.S. (perfect)

B. 미래완료형에 유의하여 다음 문장을 해석해 보세요.

1. By the time you read this letter, I'll have left. → ______________________
2. Tomorrow, we will have been married for ten years. → ______________________
3. He will have repaired my computer by then. → ______________________
4. They will have delivered the package by 2 p.m. → ______________________

Writing

1 기온이 영하로 떨어졌다.

The temperature ______ ______ below zero.

2 지금까지 한 문제밖에 못 풀었다.

I ______ ______ only one problem ______ ______.

3 우리는 10년 동안 서로 알고 지내고 있다.

We ______ ______ ______ ______ for 10 years.

4 그때 이후로, 아무것도 바뀌지 않았다.

Nothing has changed ______ ______.

5 사람들은 그 책이 나올 때까지 몇 달을 기다렸다.

People ______ ______ for many months until the book was published.

6 좋아요! 그것을 금요일까지 끝내놓을게요.

Good! I ______ ______ ______ it by Friday.

Words

fall 떨어지다
each other 서로
solve (수학 문제 등을) 풀다
then 그때
so far 지금까지

This is it!

I'm a little tired today.

위 문장에서 today는 오늘이라는 시간을 나타냅니다. 이 오늘이란 단어는 시간적으로 문장 전체를 지배합니다. 문장 구성요소에서 부사는 홀대받지만 사실 한 문장 전체에 영향력을 행사할 만큼, 그래서 동사의 형태를 바꿔버릴 만큼 엄청난 힘을 가진 문장 성분이 부사입니다.

즉, I'm a little tired yesterday는 틀린 문장이 되어버립니다. 시간을 지배하는 yesterday가 문장 전체에 강력한 영향력을 행사하기 때문에 I'm은 I was로 바뀌어야 합니다. 그래서 시간을 나타내는 부사어들이 들어 있을 때에는 반드시 동사의 시제를 확인해야 합니다. 제 아무리 동사가 중요하다 해도 시간부사의 압도적인 힘을 거역할 수는 없으니까 시제공부는 시간 부사와 함께하는 것이 좋습니다. 물론 시간을 나타내는 부사를 생략해도 온전한 문장의 형태는 갖추고 있는 것입니다.

I was nervous ten minutes ago. (과거)
나는 여러 가지 감정 중에서 불안함을 느꼈어요, 10분 전에는.
I'm embarrassed at the moment. (현재)
나는 조금 전까지는 창피하지 않았지만, 지금 이 순간은 창피하네요.
I'll be fine in ten minutes. (미래)
나는 괜찮아 질 거예요, 10분만 지나면.

아래 두 문장 중 옳은 표현은 무엇일까요?
(A) I have gone to the Philippines.
(B) I have been to the Philippines.

나는 필리핀에 가본적이 있다고 이야기할 때에는 (B)처럼 써야 합니다. 'have gone'은 가고 없다는 이야기(결과)이고, 'have been'은 가 본 적이 있다(경험)는 뜻입니다. 그래서 (A)와 같은 문장에서 주어로 I나 You를 쓰면 틀립니다. 다만 'She has gone to the Philippines.'처럼 주어가 3인칭 단수가 되는 경우에는 얼마든지 쓸 수 있습니다. 해석해 보면, '그녀는 필리핀에 가서 지금 여기에 없다'는 결과 정보를 전달합니다. 반면, (B)는 '나는 필리핀에 가 본 적이 있다'는 뜻으로 경험을 이야기 할 때 쓰면 됩니다.

05 Part

Flowers grow.

문장의 구조(1, 2, 3형식)

말과 문법 중에서 어떤 것이 더 먼저일까요? 말보다 문법이 먼저일 수는 없습니다. 하지만 문법은 영어 문장 내에서 일정한 규칙을 찾아낸 결과물이라고 할 수 있습니다. 특히 문법은 동사에 따라 문장 형식을 분류하고 그 문장을 공부할 때 유용합니다.

한 문장의 의미를 결정하는 것은 동사입니다. 동사는 사람이나 사물의 동작과 상태를 나타냅니다. 움직임과 입장, 처지, 형편을 나타내면서 문장의 전체적인 의미를 결정하는 겁니다. 동사가 이처럼 중요한 것이기에 문장 형식도 동사의 특성에 따라 분류됩니다.

UNIT 21

Flowers grow. 1형식 문장

21

Flowers **grow.** 꽃이 자란다.

People **arrived.** 사람들이 도착했다.

1 1형식 문장: 주어 + 동사로 이루어진 문장이다.

주어	동사	1형식
I	**sleep**	I **sleep.** 나는 잔다.
The sun	**shine**	The sun **shines.** 태양이 빛난다.
Birds	**fly**	Birds **fly.** 새들이 난다.
Jane	**walk**	Jane **walks.** 제인은 걷는다.

2 알아두면 좋은 1형식 동사

- appear 나타나다
- arrive 도착하다
- count 중요하다
- cry 울다
- emerge 능장하다
- exist 존재하다
- fall 떨어지다
- enjoy 즐기다
- listen 듣다
- matter 중요하다
- occur 발생하다
- happen 일어나다
- work 작동하다, 효과가 있다

PRACTICE

A. 다음 문장이 1형식이면 O표 그렇지 않으면 X표 하세요.

1. The boys rest. (   )
2. She has. (   )
3. I read. (   )
4. He is. (   )
5. Everybody returned. (   )

B. 우리말과 뜻이 같도록 괄호 안의 단어를 사용하여 문장을 만들어 보세요.

1. 그들은 머무른다. (stay) → ____________________
2. 그녀가 사라졌다. (disappeared) → ____________________
3. 그들은 시작했다. (started) → ____________________
4. 지구는 돈다. (revolves) → ____________________
5. 역사는 반복된다. (repeats) → ____________________

UNIT 22

Birds sing beautifully.

1형식 문장 늘리기

22

Birds **sing beautifully.** 새가 아름답게 지저귄다.

Water **flows from high to low.**
물은 높은 곳에서 낮은 곳으로 흐른다.

1 **부사**는 형식에 영향을 주지 않으며 의미의 정도를 강조하고 상황 설명을 돕는다.

주어	동사	부사	1형식
I	sleep	**well**	I sleep **well.** 나는 잘 잔다.
The sun	shine	**brightly**	The sun shines **brightly.** 태양이 밝게 빛난다.
Birds	fly	**high**	Birds fly **high.** 새들이 높이 난다.
Jane	walk	**slowly**	Jane walks **slowly.** 제인은 천천히 걷는다.

2 **전치사구(전치사 + 명사)**를 쓰면 문장의 길이를 늘릴 수 있다. 문장의 길이는 문장의 형식과 아무런 상관이 없기 때문이다.

- A surprise waits **before us.** 놀라움이 우리 앞에 기다린다.
- We stay **in the hotel.** 우리는 호텔에서 머문다.
- Customers complain **about our new product.** 고객들이 우리의 새 상품에 대해 불평을 한다.
- The kids swim **in the pool.** 아이들이 수영장에서 수영을 한다.

PRACTICE

A. 주어진 부사와 전치사구를 사용하여 문장을 완성해 보세요.

at the park   fast   in the east   before 3 o'clock

1. The sun rises ____________________.
2. The little children played ____________________.
3. He arrived ____________________.
4. Suji runs ____________________.

B. 1형식 문장을 만들어 보세요.

1. (to my school / go / I) → ____________________
2. (run / we / to his house) → ____________________
3. (drives / once a week / he) → ____________________
4. (lives / the man / in Seoul) → ____________________

UNIT 23

I am the first runner. 2형식 문장

23

I am **the first runner.** 내가 첫 번째 주자야.

She became **famous.** 그녀는 유명해졌어.

1 **2형식 문장**: **주어 + 동사 + 주격보어**로 이루어진 문장이다. '~이다', '~가 되다'라는 동사만으로는 주어를 충분히 설명하지 못한다. 따라서 주어를 보충하는 보어가 필요하다. 주어가 누구인지를 말하고 싶을 때 명사를 보어로 쓸 수 있다.

주어	동사	보어	2형식
Bob	is	**a teacher**	Bob is **a teacher.** 밥은 선생님이다.
The holiday	was	**last week**	The holiday was **last week.** 휴일이 지난주였어.
Elise	became	**a nurse**	Elise became **a nurse.** 엘리스는 간호사가 되었다.
Time	is	**money**	Time is **money.** 시간은 돈이다.

2 주어가 어떤 상태인지를 말하고 싶을 때 형용사를 보어루 쓸 수 있다.

주어	동사	보어	2형식
People	were	**nervous**	People were **nervous.** 사람들이 긴장했다.
He	seems	**comfortable**	He seems **comfortable.** 그는 편안해 보인다.
The weather	gets	**warmer**	The weather gets **warmer.** 날씨가 따뜻해지고 있다.
The old man	went	**mad**	The old man went **mad.** 그 노인은 미쳐갔다.

PRACTICE

A. 다음 각 문장에서 주어와 보어를 구별하세요.

1. They are happy.
2. He became a great scientist.
3. She is a doctor.
4. My dream didn't come true.
5. He looks sad.

B. 주어진 단어를 배열하여 2형식 문장을 만들어 보세요.

1. (poor, not, is, he) → ______________________
2. (became, each other, close to, he and I) → ______________________
3. (went, the chicken soup, bad) → ______________________
4. (red and yellow, become, the leaves) → ______________________
5. (a firefighter, is, he) → ______________________

UNIT 24

The movie became boring. 2형식 동사

24

The movie **became** boring. 그 영화는 지루해졌다.

He **seems** comfortable in the chair.
그는 의자에 앉은 것이 편안해 보인다.

1 2형식 동사

종류	동사	2형식
~이다, ~인 상태이다	**be동사, keep, stay, remain**	She **is** a dentist. 그녀는 치과 의사이다. The situation **remains** stable. 그 상황은 안정적이다.
~되다	**become, get, go, grow, turn**	He **became** a judge. 그는 판사가 되었다. The color **turned** green. 그 색깔은 초록색으로 변했다.
감각동사	**feel, smell, taste, sound**	Tom always **feels** happy. 탐은 항상 행복하다고 느낀다. This cake **tastes** great. 이 케이크는 맛이 좋다.
~처럼 보이다	**look, seem, appear**	He **looks** hungry. 그는 배고파 보인다. You **seem** happy. 넌 행복해 보여.

2 부사처럼 보이는 **형용사**

- costly 비용이 많이 드는
- cowardly 겁이 많은
- deadly 치명적인
- friendly 친절한
- lively 활기찬
- lonely 외로운
- lovely 사랑스러운
- manly 남자다운
- timely 시기 적절한

PRACTICE

A. 괄호 안에서 알맞은 것을 고르세요.

1. The little boy looks (happy / happily).
2. We should keep (quiet / quietly) in the library.
3. Her face turned (red / redly).
4. Chocolate tastes (sweet / sweetly).
5. It smelled (good / well) to me.

B. 다음 각 문장을 1형식과 2형식으로 구별하세요.

1. The sun rises in the east. (   )
2. We talked quietly in the library. (   )
3. My father felt unhappy last Sunday. (   )
4. She looks sad. (   )
5. The thief disappeared. (   )

UNIT 25

I like you. 3형식 문장

I like **you.** 나는 네가 좋아.

People use **computers** for many reasons.
사람들은 다양한 이유로 컴퓨터를 사용한다.

1 **3형식 문장**: **주어 + 동사 + 목적어**로 이루어진 문장이다. **목적어**는 동사의 동작을 받는 대상이고, 주로 '~을', '~를'로 해석된다.

주어	동사	목적어	3형식
I	like	**you**	I like **you**. 네가 좋아.
Jackie	eats	**breakfast**	Jackie eats **breakfast**. 재키는 아침을 먹는다.
He	bought	**a book**	He bought **a book**. 그는 책 한 권을 샀다.
They	liked	**it**	They liked **it**. 그들은 그것이 마음에 들었다.

2 동사 뒤에 명사가 '~을'이나 '~를'로 해석되면 **목적어(3형식)**이고, 주어를 보충해 주는 말이면 **주격보어(2형식)**이다.

- This is **a chair**. 그것은 의자이다. (This = chair)
- I have **a chair**. 나는 의자 하나를 가지고 있다. (I ≠ chair)
- They became **students**. 그들은 학생이 되었다. (They = students)
- He teaches **students**. 그는 학생을 가르친다. (He ≠ students)

PRACTICE

A. 주어진 단어를 사용하여 문장을 완성해 보세요.

him	money	pizza	a model plane	a new car

1. We will have ________________ for lunch.
2. I met ________ last night.
3. The man bought ____________________ and it was not expensive.
4. They made ____________________________ for their art homework.
5. He saves ____________________ little by little.

B. 밑줄 친 단어가 보어인지 목적어인지 구별하세요.

1. I am the owner. (   )
2. The cook needs salt. (   )
3. The price is 25,000 won. (   )
4. He sent a letter to her. (   )
5. We have helpful information. (   )

Writing

1 누군가가 흔적도 없이 사라졌다.

Someone ______ without a trace.

2 그녀는 그와 함께라면 언제나 행복하다.

She ______ always ______ with him.

3 그 작가는 그 노래로 유명해졌다.

The writer ______ ______ for the song.

4 그것은 약간 맛이 시다.

It tastes a little bit ______.

5 물은 높은 곳에서 낮은 곳으로 흐른다.

Water ______ from high to low.

6 우리는 그 어느 때보다도 너의 도움이 필요하다.

We ______ your ______ more than ever before.

Words

disappear 사라지다
flow 흐르다
famous 유명한
need 필요하다
sour 맛이 신

This is it!

영어회화의 시작은 나에 대한 이야기를 하는 것입니다. 나에 대해 표현할 수 있어야 합니다.

학교에 가서 처음으로 배우는 영어 표현 중 하나가 I'm a student.입니다. 우리는 보통 '나는 학생이다'라고 해석을 하지만, 실제로 나는 여러 가지 모습일 수 있고, 학생이라는 것은 나를 묘사할 수 있는 여러 가지 모습 중에 하나일 뿐입니다. 나는 '선생님'일 수도 있고, '엄마'일 수도 있습니다. 그래서 be동사는 단순히 '~이다'라는 뜻이 아니라, '여러 모습 중에 ~이다'로 이해하면 됩니다. 아래의 문장을 해석해 보세요.

I am a little embarrassed.

그럼 위 문장을 어떻게 해석할까요? 나는 좀 쑥스럽다? 나는 사람이기에 여러 가지 감정을 나타낼 수 있습니다. 슬플(sad) 때가 있고, 행복할(happy) 때가 있습니다. 화날(upset) 때도 있고, 지루함(bored)을 느낄 때도 있습니다.

이런 다양한 감정들을 느낄 수 있지만, '지금은 좀 쑥스럽네요.' 정도로 이해하면 됩니다.

즉, be동사는 존재의 모습을 나타내는 동시에 시간에 대한 정보도 담고 있다는 사실을 유념해야 됩니다.

I'm tired. 나는 '여러 가지 모습 중에 지금은 피곤한 상태'입니다. 안 피곤 할 때도 있어요~

I'm sleepy. 나는 '여러 가지 모습 중에 지금은 졸린 상태'입니다. 안 졸릴 때도 있어요~

I'm nervous. 나는 '여러 가지 감정 중에 지금은 불안한 상태'입니다. 불안하지 않을 때도 있어요~

그러므로 be동사를 제대로 공부했다면, be동사를 단순히 '~이다'라고 해석할 것이 아니라, 주어가 가질 수 있는 '여러 가지 모습이나 감정 중에서 지금은 ~하다'라고 이해하는 것이 좋습니다.

06
Part

He gave me flowers.
문장의 구조(4, 5형식)

문장은 기본적으로 한 개 이상의 주어와 서술어(동사)를 가집니다. 그리고 서술어의 쓰임에 따라 뒤에 어떤 문장 성분도 오지 않거나(1형식), 보어가 오거나(2형식), 목적어가 올 수 있습니다(3형식).

기본적인 문장 외에 동사 뒤에 목적어가 두 개 오는 문장 형식도 있습니다(4형식). 또한 주어를 보충해주는 주격보어가 필요한 2형식과 달리 목적어를 보충해 주는 목적격보어가 필요한 문장 형식이 있습니다(5형식). 목적어를 보충해주는 형태는 다양하므로 동사마다 어떤 특정한 형태로 쓰이는지 알아야 합니다.

UNIT 26

He gave me flowers. 4형식 문장

26

He gave **me flowers.** 그는 나에게 꽃을 주었어.

I sent **her a birthday card.**
나는 그녀에게 생일카드를 보냈어.

1 **4형식 문장**: **주어 + 동사 + 간접목적어 + 직접목적어**로 하나의 완전한 뜻을 나타내는 문장이다. **간접목적어**는 주로 사람이고, **직접목적어**는 대상으로, '~에게(간접목적어) ~을(직접목적어) 주다'라는 뜻이 된다.

주어	동사	간접목적어	직접목적어	4형식
He	gave	**me**	**a chance**	He gave **me a chance**. 그는 나에게 기회를 주었다.
She	cooks	**everyone**	**a delicious meal**	She cooks **everyone a delicious meal**. 그녀는 모든 사람에게 맛있는 식사를 요리해준다.
They	bought	**him**	**a nice car**	They bought **him a nice car**. 그들은 그에게 좋은 차 한대를 사주었다.
Nature	teaches	**humans**	**humbleness**	Nature teaches humans **humility**. 자연은 인간에게 겸손을 가르쳐준다.

2 **4형식 동사**는 '주다'라고 해석이 되기 때문에 **수여동사**라고 부르기도 한다.

- bring 가져다주다
- give 주다
- make 만들어주다
- pay 지불해주다
- show 보여주다
- buy 사주다
- leave 남겨주다
- offer 제공해주다
- promise 약속해주다
- teach 가르쳐주다
- hand 건네주다
- lend 빌려주다
- pass 전달해주다
- send 보내주다
- tell 말해주다

PRACTICE

A. 다음 각 문장에서 직접목적어와 간접목적어를 구별하세요.

1. Pass me the salt please.
2. My parents showed us a big picture.
3. You should leave your brother some cake.
4. My boyfriend sang me his own song.

B. 주어진 단어를 배열하여 4형식 문장을 만들어 보세요.

1. (sent, someone, this message, me) → ______
2. (the boss, a better deal, him, offers) → ______
3. (the story, this book, us, tells) → ______
4. (brought, he, the book, her) → ______

UNIT 27

He gave flowers to me. 4형식을 3형식으로(강조)

27

He gave **flowers to me.** 그는 꽃을 나에게 주었어.

My father bought **new shoes for me.**
아빠가 나에게 새 신발을 사주셨어.

1 **4형식에서 쓰이는 두 개의 목적어는 그 위치를 바꿀 수 있다. 직접목적어를 강조하고 싶다면 간접목적어와 순서를 바꾸고 간접목적어 앞에는 전치사를 붙인다.** 목적어가 하나만 남게 되므로 **3형식 문장**이 된다.

• 4형식:	My friend 주어	gave 동사	me 간접목적어	a birthday present. 직접목적어
• 3형식:	My friend 주어	gave 동사	a birthday present 직접목적어	to me. 전치사 + 간접목적어

내 친구는 나에게 생일 선물을 주었다.

2 간접목적어 앞에 쓰는 **전치사**는 동사에 따라 달라진다.

• 전치사 **to**를 쓰는 동사: bring, give, send, show, teach, tell, write 등
I sent her a letter → I **sent** a letter **to** her. 나는 그녀에게 편지 한 통을 보냈다.

• 전치사 **for**를 쓰는 동사: buy, cook, find, get, make 등
My father bought me a nice dress. → My father **bought** a nice dress **for** me.
우리 아빠는 나에게 예쁜 원피스를 사 주었다.

• 전치사 **of**를 쓰는 동사: ask 등
My brother asked me a question. → My brother **asked** a question **of** me.
우리 오빠는 나에게 질문 하나를 물어보았다.

PRACTICE

A. 다음 4형식 문장을 3형식 문장으로 만들어 보세요.

1. I gave my kid some food. → ____________________
2. My mother bought me a nice jacket. → ____________________
3. The manual book teaches us the skill. → ____________________
4. He asked me a difficult question. → ____________________

B. 괄호 안에서 알맞은 것을 고르세요.

1. My sister cooked dinner (to / for / of) me.
2. May I ask a question (to / for / of) you?
3. Mr. Lee teaches English (to / for / of) us.
4. My dad bought a toy (to / for / of) my little brother.

UNIT 28

I found it easy. 5형식 문장

28

I found **it easy.** 나는 그것이 쉽다는 것을 알아냈어.

The job keeps **me busy.** 그 일로 나는 계속 바빠.

1 **5형식 문장: 주어 + 동사 + 목적어 + 목적격보어**로 이루어진 문장이다. **2형식**에서는 보어가 주어를 보충 설명해 **주격보어**라 하고, **5형식**에서는 목적어를 보충 설명해 **목적격보어**라고 한다.

주어	동사	목적어	목적격보어	5형식
My friends	call	**me**	**Jack**	My friends call **me Jack**. 내 친구들은 나를 잭이라고 부른다.
The music	makes	**us**	**happy**	The music makes **us happy**. 그 음악은 우리를 행복하게 한다.
Effort	made	**him**	**a master**	Effort made **him a master**. 노력이 그를 달인으로 만들었다.
They	painted	**the house**	**green**	They painted **the house green**. 그들은 그 집을 초록색으로 칠했다.

2 목적어 뒤에 쓰인 단어가 **목적어를 보충 설명해주는 것**이면 **목적격보어**이고 그렇지 않으면 **목적어**이다.

- Mom made **me a cake**. (me ≠ a cake) 엄마가 나에게 케이크를 만들어주셨다(4형식).
- Mom made **me a teacher**. (me = a teacher) 엄마는 나를 선생님이 되게 하셨다(5형식).

PRACTICE

A. 다음 각 문장에서 목적어와 목적격보어를 구별하세요.

1. We elected him class president.
2. She believes them to be honest.
3. You should keep your hands clean.
4. Delicious food makes us happy.

B. 다음 문장을 4형식 문장과 5형식 문장으로 분류해 보세요.

1. The accident made him sad. (   )
2. I sent her a gift. (   )
3. Dennis bought his daughter a doll. (   )
4. We found this book interesting. (   )

UNIT **29** # They call her princess. 목적격보어의 종류 I

29

They call her **princess.** 그들은 그녀를 공주라고 부른다.

I want you **to go there.** 나는 네가 거기에 가기를 바라.

1 주격보어와 같이 **명사**와 **형용사**를 **목적격보어**로 쓴다.

• **명사**가 **목적격보어**

They call her **princess.** 그들은 그녀를 공주라고 부른다.
That event made me **an explorer.** 그 사건은 나를 탐험가로 만들었다.

• **형용사**가 **목적격보어**

I found the letter **important.** 나는 그 편지가 중요하다는 것을 알았다.
The shoes made my feet **uncomfortable.** 그 신발은 내 발을 불편하게 했다.

2 **to 부정사**를 **목적격보어**로 취하는 동사

• advise 충고하다
• allow 허락하다
• ask 요청하다
• encourage 격려하다
• expect 기대(예상)하다
• force 강요하다
• order 명령하다
• want 원하다

I **want** you **to win the game.** 나는 네가 그 게임에서 우승했으면 좋겠어.
She **advised** me **to do it.** 그녀는 나에게 그것을 하라고 충고했다.
I **asked** him **to bring a cup of water.** 나는 그에게 물 한컵을 가져다 달라고 부탁했다.

PRACTICE

A. 보기에서 알맞은 목적격보어를 찾아 빈칸에 주어진 뜻과 맞는 5형식 문장을 만들어보세요.

king	to call	honest	to study

1. 그녀는 내가 열심히 공부하기를 원한다. She wants me ____________________ hard.
2. 나는 그가 정직하다고 믿는다. I believe him ____________________.
3. 그는 내가 짐에게 전화해보라고 요청했다. He asked me ____________________ Jim.
4. 그들은 그를 왕위에 앉혔다. They made him ____________________.

B. 주어진 단어를 배열하여 5형식 문장을 만들어 보세요.

1. (found, helpful, his advice, I) → ____________________
2. (called, a fool, me, he) → ____________________
3. (advised, the doctor, to rest, me) → ____________________
4. (I, him, to start early, ordered) → ____________________

UNIT 30

My father let me drive. 목적격보어의 종류 II

30

My father **let** me **drive.**
아버지는 내가 운전하는 것을 허락했다.

I **had** my hair **cut.** 나는 머리를 잘랐다.

1 **지각동사**와 **사역동사**는 **목적격보어**로 **동사원형**을 갖는다. **지각동사**는 동사원형 대신 **현재분사**를 쓸 수 있다.

- **사역동사**: let, have, make 등

My father **let** me **drive.** 아버지는 내가 운전하는 것을 허락했다.
She **had** him **wash** the dishes. 그녀는 그를 설거지하게 했다.
He **made** her **leave.** 그는 그녀를 떠나게 했다.

- **지각동사**: feel, see, watch, hear, listen to 등

My mother **watched** me **study.** 엄마는 내가 공부하는 것을 지켜보았다.
I **heard** the baby **crying.** 나는 아기가 우는 소리를 들었다.
We **saw** something **moving.** 우리는 무언가가 움직이는 것을 보았다.

2 목적어가 주체가 아니고 대상일 경우 **목적격보어**는 **과거분사**를 쓴다.

- He **had** his computer **fixed.** 그는 그의 컴퓨터를 고치게 했다.
- I **heard** my name **called.** 나는 나의 이름이 불리는 것을 들었다.
- She **left** her meal **untouched.** 그녀는 식사에 손도 대지 않았다.

PRACTICE

A. 다음 각 문장의 목적격보어에 밑줄을 치고, 알맞은 형태로 고쳐 보세요.

1. I watched a man to sleep.
2. They asked him do it.
3. We heard him to shout for help.
4. I saw him crossed the street.
5. I had my homework finish.

B. 괄호 안에서 알맞은 것을 고르세요.

1. They felt someone (sing / sung / to sing) at that time.
2. I heard you (laughing / laughed / to laugh) on the street.
3. He got his car (fixing / fixed / to fix).
4. The worker got the house (paint / painted / to paint).
5. I want him (stay / stayed / to stay) here with me.

Writing

1 나는 그녀에게 선물을 주었다. (3형식)

I gave ______ ______ to ______.

2 나는 그녀에게 선물을 주었다. (4형식)

I gave ______ ______ ______.

3 엄마는 매일 우리에게 맛있는 음식을 요리해주신다.

My mom cooks ______ ______ ______ everyday.

4 그의 목소리는 나를 편안하게 만들어준다.

Her voice makes ______ ______.

5 그는 나에게 그것을 빨리 하라고 충고했다.

He ______ me ______ ______ it quickly.

6 최근에 우리는 그가 그 다리를 건너는 것을 보았다.

We ______ him ______ the bridge recently.

Words

a gift 선물
advise 충고하다
delicious 맛있는
cross a bridge 다리를 건너다
comfortable 편안한

This is it!

단어를 공부하다 마주치는 어려움 중에 하나는 단어 한 개가 다양한 상황에서 다른 뜻으로 쓰인다는 것입니다. give라는 동사가 '주다'라는 뜻을 가지는 것은 공부를 조금만 한 사람이라면 잘 알텐데, 이 쉬운 단어가 때로는 해석이 안되는 경우가 있고, 그때 우리는 좌절을 경험하곤 합니다. 그래서 영어를 공부할 때에는 어떤 구조에서 단어가 어떤 의미로 쓰이는지 유심히 볼 필요가 있습니다.

She gave me a wink.

위 문장에서 알 수 있듯이 give는 '~에게 ~을 주다'라는 뜻만 가지는 것이 아니라, 어떤 표현이나 몸짓을 나타낼 경우에도 쓸 수 있습니다. 그러니까 '그녀가 나에게 윙크를 주었다'라고 해석하면 안되고, '그녀가 나에게 윙크하는 몸짓을 보였다', '그녀가 나에게 윙크했다'라고 해석하는 게 좀 더 자연스럽습니다. 아래의 문장을 해석해보세요.

She gave me a warm smile.

She gave me a shrug.

She gave me a headache.

또한 give는 시간이나 힘을 쓸 때도 자주 활용할 수 있는 표현입니다. 그냥 준다는 뜻이 아니라, 특정 목적을 위하여 시간, 노력, 힘을 쏟는다는 의미로 쓸 수 있습니다.

I gave a lot of thought to the matter. 나는 그 문제에 대해 많은 생각을 했어.

I gave my life to the biology studies. 나는 생물학 연구에 인생을 바쳤어.

I gave a lot of my attention to the problem. 나는 그 문제에 많은 신경을 썼다.

07
Part

Can you drive?
조동사

동사만 가지고 표현할 수 없는 미묘한 어감을 전달해야 할 때가 있습니다. 예를 들어, drive라는 동사가 전달할 수 있는 의미는 운전하다(drive), 운전했다(drove) 2 가지입니다. 그럼 '운전할거다', '운전할 수 있다', '운전 해야만 한다', '운전할 수도 있었을 텐데……' 등의 의미를 표현하고 싶을 때는 어떻게 할까요?

동사 혼자서 전달하기 힘든 어감을 전달해 주는 것이 조동사입니다. 조동사는 동사가 아니라, 동사를 돕는 조수입니다. 동사는 부사의 도움으로 의미의 정도를 낮추거나 높일 수는 있지만 사람의 태도나 기분, 확신의 정도까지는 다 표현해 줄 수는 없습니다. 조동사는 동사 앞에서 이러한 것들을 책임져 줍니다.

조수가 앞장서서 일하면 동사는 편해요. 동사가 해야 할 역할인 시제표현과 주어와의 수 일치도 신경 쓰지 않아도 되고, 원래의 모습으로만 있어주면 됩니다.

UNIT 31

You may start now. 조동사의 종류와 특징

31

You **may** start now. 지금 시작해도 좋아.

He **will** go there. 그는 거기에 갈 거야.

We **should** help her. 우리가 그녀를 도와주는 것이 좋겠어.

1 **조동사**란 동사를 도와주는 말이다. 조동사의 종류에는 **can/could, will/would, may/might, must/have to/should 등**이 있다.

- **can/could:** ~할 수 있다(능력), ~해도 된다(허가: can), ~해 주실래요(요청), ~일 것이다(추측)
- **will/would:** ~할 것이다(의지), ~해 주실래요(요청)
- **may/might:** ~해도 된다(허가: may), ~일 것이다(추측)
- **must:** ~해야 한다(의무), ~임에 틀림없다(추측)
- **have to:** ~해야 한다(의무)
- **should:** ~해야 한다(충고)

2 조동사의 특징

- 조동사는 항상 동사 앞에 쓴다. **We should go to school. (O), We go should to school. (X)**
- 조동사 뒤에 동사원형이 온다. **I can drive. (O) I can drove. (X) She can drives. (X) You can to drive. (X) You can driving. (X)**
- 조동사는 동사가 아니므로 변하지 않는다. **should, shoulds (X), to should (X), shoulding (X), shoulded (X)**
- 조동사를 연달아 사용할 수 없다. **They will can solve the problem. (X)**

PRACTICE

A. 주어진 단어를 배열하여 문장을 완성하세요.

1. (the, piano, can, I, play) → ______________________
2. (Ann, you, help, will) → ______________________ if you ask.
3. (may, outside, go, you) → ______________ when you finish your homework.
4. (We, up, hurry, must) → ______________________ to get a train in time.

B. 다음 각 문장에서 틀린 부분을 찾아 고쳐 보세요.

1. Mr. Lee will joins us for lunch today.
2. My brother cans speak 3 languages.
3. They will must fix the problem.
4. You keep should the schedule.

UNIT 32

I can see your point. can과 could

32

I **can** see your point. 네가 무슨 말을 하는지 알겠어.

You **can't** do it right now. 너는 지금 당장은 그것을 할 수 없어.

Could I speak to you for a moment?
잠시 이야기해도 될까요?

1 **can**은 주로 능력이나 어떤 일의 가능성, 추측의 의미를 나타낸다. '~할 수 없다'고 부정하거나 금지를 표현하려면 can 다음에 not을 써서 **cannot**이나 **can't**로 줄여서 나타낸다. 또한 주어와 can의 순서를 바꾸어 의문문으로 만들면 가능과 요청, 허가를 나타낼 수 있다.

능력, 가능	~할 수 있다	I **can** understand that kind of thing. 나도 그런 것은 이해할 수 있다. **Can** you speak any foreign languages? 외국어를 할 수 있습니까?
추측	과연 ~일까? ~일 리가 없다	**Can** it be true? 그게 과연 사실일까? It **can't** be possible. 그것은 가능할 리 없다.
불가능, 금지	~할 수 없다 ~하면 안 된다	He **can't** fix this problem. 그는 그 문제를 풀지 못한다. My sister **can't** go out at night. 내 여동생은 밤에 나가면 안 된다.
요청, 허가	~해 줄래요? ~해도 될까요?	**Can** you lend me a pen? 펜 하나만 빌려 줄래요? **Can** I open the window? 창문 좀 열어도 될까요?

2 **could**를 사용해서 과거 시점의 능력을 나타내거나 요청할 수 있다. 상대방에게 정중하게 요청할 때는 can보다는 could를 사용한다.

능력	~할 수 있었다	I **could** pass the test. 나는 그 시험에 통과할 수 있었다. She **couldn't** finish her homework. 그녀는 숙제를 끝낼 수 없었다.
요청	~해 주시겠어요?	**Could** you do me a favor? 제 부탁 좀 들어주시겠어요? **Could** I borrow your pen? 펜 좀 빌려주시겠어요?

PRACTICE

A. 다음 각 문장에서 밑줄 친 can/could의 뜻(능력, 추측, 허가, 요청)을 구별해 보세요.

1. You <u>can</u> use my computer.
2. He <u>can't</u> be tired now. He is doing nothing at home.
3. She <u>could</u> hand in the report just in time.
4. <u>Could</u> you say that again slowly?

B. 우리말과 뜻이 같도록 주어진 단어를 변형하여 문장을 완성해 보세요.

1. 점심 후에 제 사무실로 들려주시겠어요? ______________ my office after lunch? (visit)
2. 우리는 어제 그 영화를 볼 수 없었다. We ______________ the movie yesterday. (see)
3. 그들은 이 책을 이해할 수 있다. They ______________ this book. (understand)
4. 그녀가 집에 있을리가 없다. She ______________ at home. (be)

UNIT 33

I will do my best. 조동사의 종류와 특징

33

I **will** do my best. 나는 최선을 다할 거야.

We **would** often take a walk in the afternoon. 우리는 오후에 종종 산책을 하곤 했다.

Would you like to join us for dinner?
우리와 같이 저녁 같이 할래요?

1 **will**은 미래에 일어날 일을 예측할 때 '~일 것이다'라고 쓰인다(= be going to). 주어의 의지를 나타낼 때도 쓰인다. 부정형 **will not**은 **won't**로 줄여 쓸 수 있다.

He **will** continue to work in the marketing department. 그는 마케팅 부서에서 계속 일할 것이다.
I **won't** go to such a place again. 그런 곳은 다시 가지 않을 거야.

- 약속과 조건의 표현도 미래의 행위에 대한 의지를 나타내므로 **will**을 이용해서 표현할 수 있다.

  I **will** take you to the museum tomorrow. 내일 박물관에 데려가 줄게.
  I'**ll** fix your desk as soon as we get the parts. 우리가 부품을 얻는 대로 책상을 고쳐줄게.

2 **would**는 과거의 습관을 표현하고, 제안이나 부탁을 하는 의문문에서는 will보다 정중함을 나타낸다. 또한 **would like to + 동사원형** 구문을 사용해서 '~하고 싶다'는 의미를 표현할 수 있다.

- 과거의 습관: ~하곤 했다

  He **would** go there for no reason. 그는 이유도 없이 그곳에 가곤 했다.

- 제안/부탁: ~해 주시겠어요?

  Would you tell me the time? 몇 시인지 말씀해 주시겠어요?
  Would you **like to go** fishing with me? 저와 함께 낚시 가실래요?

PRACTICE

A. 주어진 동사와 will, won't를 사용하여 문장을 완성하세요.

walk	join	pass	make	come	show

1. Today is Friday. __________ you __________ me for a drink this evening?
2. David is a careful person. He ____________________ a mistake.
3. I ____________________ you how to send a text message with this phone.
4. Dabin didn't study hard. I'm sure she ____________________ the test.

B. 조동사에 유의하여 다음 문장을 해석해 보세요.

1. My family would visit my grandparents. → ____________________
2. Would you make room for my friend? → ____________________
3. She would always start her day with a cup of coffee. → ____________________
4. I would like to buy this bag. → ____________________

UNIT 34

She may be right. — may와 might

34

She **may** be right. 그녀가 옳을지도 몰라.

He **might** be sick today.
그는 오늘 아픈걸지도 몰라.

1 **may**는 50% 정도의 추측이나 확신을 말할 때 사용하거나 허가의 의미로도 쓴다.

- 추측: ~일지도 모른다

He **may** fall in love with her. 그는 그녀와 사랑에 빠졌을지도 몰라.
She **may not** like him. 그녀는 그가 마음에 안 드는지도 몰라.

- 허가: ~해도 된다

May I borrow your pen for a minute? 잠깐 펜 좀 빌릴 수 있나요?
You **may** go now. 너는 지금 가도 좋다.

2 **might**는 may보다 약한 추측을 나타낸다.

- 추측: ~일지도 모른다

He **might** be at home. 그는 집에 있을지도 몰라.
There **might** be two answers. 답이 두 개일지도 몰라.

3 **may/might have p.p.**는 과거에 대한 추측을 나타낸다.

She **might have called** you last night. 그녀가 어젯 밤에 전화했을지도 몰라.
I **might have eaten** something wrong. 뭔가 잘못 먹었는지도 몰라.

PRACTICE

A. 다음 각 문장에서 밑줄 친 may/might의 뜻(추측, 허가)을 구별해 보세요.

1. May I use your toilet?
2. He may drink too much tonight.
3. You may go with us.
4. Joe may not come with us.

B. 우리말과 뜻이 같도록 주어진 단어를 사용하여 may/might과 함께 문장을 완성하세요.

1. 제가 질문 하나 해도 될까요? ______________________ a question? (ask)
2. 그들은 숙제를 다 끝내지 못할지도 몰라. They ______________________ the homework. (finish)
3. 그는 다음 주에 거기 없을지도 몰라. He ______________________ there next week. (be)
4. 그녀가 오늘밤 너한테 전화할지도 몰라. She ______________________ you tonight. (call)

UNIT 35 You must do it right now. must, have to, should

35

You **must** do it right now. 넌 반드시 지금 그것을 해야만 해.

We **don't have to** eat this. 우리가 이것을 꼭 먹을 필요는 없어.

You **should** take responsibility. 너는 책임을 져야만 해.

1 의무(책임, 충고, 필요성, 당연한 사실)를 말하는 조동사에는 '~해야만 한다'는 의미로 **must, have to, should 등**이 있다. 의무의 강도는 must > have to > should이다.

- Cars **must not** park in front of the entrance. 입구 앞에는 차를 주차하면 안 된다.
- You **have to** watch your mouth. 너는 입을 조심해야만 한다.
- Parents **should** take care of their children. 부모들은 자신들의 아이들을 돌보아야 한다.

2 **must와 should의 부정**은 '~해서는 안 된다'는 의미이지만 **have to의 부정**은 **'~할 필요가 없다(don't have/need to)'**임에 주의한다.

- You **must not** waste your time. 시간을 낭비해서는 안 된다.
- I **should not** play computer games. 나는 컴퓨터 게임을 해서는 안 된다.
- We **don't have to** go there. 우리는 거기 갈 필요가 없다.

3 must는 과거형이 없으므로 **had to**로 쓴다. 또한 **must**에는 강한 추측과 확신의 뜻이 있다.

- They **had to** wash the dishes last night. 그들은 어젯밤 설거지를 해야만 했다.
- The rumor **must not** be true. 그 소문은 틀림없이 사실이 아닐 것이다.

PRACTICE

A. 괄호 안에서 알맞은 것을 고르세요.

1. He (must / had to) come to the party last Friday.
2. She doesn't answer my phone. She (must / has to) be angry with me.
3. You (must not / don't have to) hurry. We have enough time.
4. They will (must / have to) wait in line like everyone else.

B. 우리말과 뜻이 같도록 주어진 단어를 변형하여 문장을 완성해 보세요.

1. 여기에서 음식을 먹어서는 안 됩니다. You ________________ food in here. (eat)
2. 늦어서 택시를 타야만 했다. I ________________ a taxi. (take)
3. 그는 틀림없이 그 주제에 관심있을 것이다. He ________________ interested in the subject. (be)
4. 우리는 오늘 그것을 다 끝내지 않아도 된다. We ________________ it today. (finish)

Writing

1 너는 최선을 다할 때 그것을 할 수 있다.

You ______ ______ it when you do your best.

2 원하신다면 들어와도 좋아요.

You ______ ______ ______ if you wish.

3 그들은 우리에게 돈을 더 빌려주지는 않을 거야.

They ______ ______ ______ us any more money.

4 어렸을 때 내 언니가 나를 돌봐 주곤 했다.

When I was little, my sister ______ ______ ______ ______ me.

5 나는 내일 학교에 가지 않아도 된다.

You ______ ______ ______ ______ to school tomorrow.

6 그것은 사실임에 틀림없다.

It ______ ______ true.

Words

come in 들어오다
lend 빌려주다
take care of 돌봐주다
don't have to ~할 필요가 없다

This is it!

Can you help me?

조동사 can을 공부할 때면 요청의 can과 마주치게 마련입니다. 그리고 의례껏 could를 쓰면 좀 더 공손한 표현이라고 배웁니다. 왜 그런 것일까요?

조동사가 현재형에서 과거형으로 시제가 옮겨진다는 것은 시제 때문일 수도 있지만 말하는 현재 시점과 거리를 두기 위해서이기도 합니다. can 보다는 could가 현재로부터 멀리 떨어져 있기 때문에 의미가 약해지는 겁니다. 그렇다고 go와 went와의 관계가 아니라, 문맥상 보다 덜 직설적이고 유연한 뉘앙스를 준다고 이해하면 됩니다.

만약 내가 할 수 있다고 can을 외칠 때 듣는 사람이 믿지 못하겠다고 하면 두 가지 선택을 할 수 있습니다. can보다 더 능력을 강하게 강조해서 말하는 경우와 반대로 더 약하게 말하는 경우입니다. 정말로 할 수 있다고 말하고 싶다면 be able to를 써서 실질적인 문제 해결 능력이 있음을 보여줄 수 있습니다. 반대로 can보다 자신감, 능력, 책임, 그리고 미래에 대한 확신의 의미가 약한 could를 써서 겸허히 자신을 낮출 수도 있습니다. 낮추어서 말을 했기 때문에 혹시 일이 잘못 되었다고 하더라도 책임이 크지 않습니다. 요청을 할 때 강한 확실성의 can을 사용하여 '할 수 있어?' 라고 하는 대신 요청 받는 이로 하여금 선택의 여지를 두게 하고 따라서 부담을 덜 느끼게 하는 could가 공손한 표현으로 여겨지는 이유입니다.

그럼에도 불구하고 조동사는 어감과 관련 있기 때문에 주관적일 수 있습니다. 분명한 것은 문장에 오는 조동사에 따라 사람에 대한 인상이 달라질 수 있다는 것입니다. 문장 내의 동사가 문장의 의미를 결정한다면, 조동사는 그 동사의 느낌을 결정합니다. 상대방과 대화한다는 것은 상대방을 생각해야 한다는 것인데, 조동사를 어떻게 사용하느냐에 따라 혼자 잘난척하는 사람이 될 수도 있고 상대를 배려하는 매너인이 될 수도 있습니다.

Can you can a can as a canner can can a can?

08
Part

The vase was broken.
수동태

살다 보면 누가 어떤 일을 했느냐보다 누가 어떤 일을 당했느냐에 초점이 가는 때가 있습니다. 당한 사람이 더 유명하다면 사람들의 관심은 응당 그 사람에게 더 쏠리게 마련일 것입니다. 때론 누가 했는지를 정확히 모르거나 알 필요가 없을 때도 있고 밝히는 것이 껄끄러워서 밝히고 싶지 않을 때도 있습니다. 그래서 우리는 '내가 꽃병을 깼어' 라고 당당히 말하지 않고 '꽃병이 깨졌어'라고 말합니다.

수동태는 주체가 아닌 대상, 목적어 입장에서 서술하는 표현입니다. 수동문의 주어는 능동문의 목적어가 됩니다. 수동문에서 동사는 be동사 + 과거분사의 형태이고, 시간과 단, 복수 표현은 be 동사의 변화로 나타냅니다.

UNIT 36

The vase was broken. 수동태의 기본형

36

The vase **was broken.** 꽃병이 깨졌어.

He **is trained** by his manager.
그는 매니저에 의해 훈련된다.

1 능동태와 수동태

- **능동태**: 주어가 어떤 행위를 스스로 하거나 그 행위가 목적어에 영향을 준다. **주어 + 동사 + 목적어** 형태로, '주어가 ~하다'라고 해석한다.

  I use my computer every day. 나는 컴퓨터를 매일 사용한다.

- **수동태**: 주어가 어떤 행위의 대상이 되거나 목적어에 영향을 받는다. **주어 + be동사 + 과거분사 + by 목적격** 형태로, '목적어가 ~되다'라고 해석한다.

  My computer is used by me every day. 내 컴퓨터는 나에 의해 매일 사용된다.

2 **능동태**를 **수동태**로 고치기

① 능동태 문장의 목적어를 수동태 문장의 주어로 쓴다.

② 능동태 문장의 동사를 be동사 + 과거분사로 쓴다. (be동사는 시제, 주어와 수일치에 유의한다.)

③ 전치사 by를 쓴 후, 그 뒤에 능동태 문장의 주어를 목적격으로 쓴다.

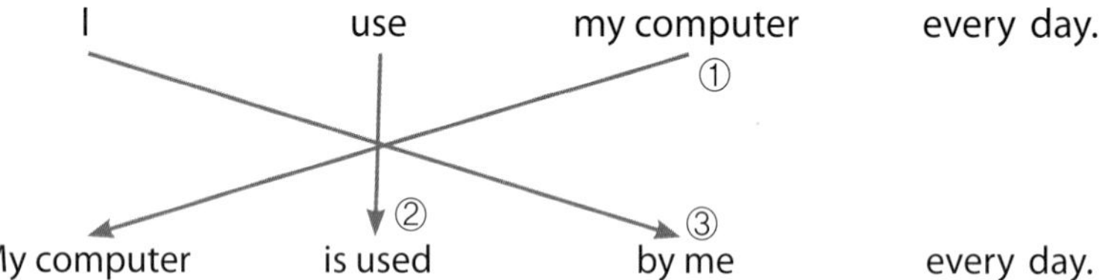

PRACTICE

A. 다음 문장이 능동태인지 수동태인지 구분해 보세요.

1. Students clean the classroom after class.
2. The classroom is cleaned after class by students.
3. Columbus found America in 1492.
4. America was found in 1492 by Columbus.

B. 괄호 안에서 알맞은 것을 고르세요.

1. The flowers (waters / are watered) every week by my parents.
2. We (are / were) invited to the party yesterday.
3. The dishes (is / are) washed by my mom.
4. A lot of money is paid (on / by) him.

UNIT 37

The window was not broken by him. 수동태의 부정문과 의문문

The window **was not broken** by him.
그 창문이 그에 의해 깨어지지 않았어.

Were these dishes **cooked** by him?
이 음식들은 그에 의해 요리되었니?

1 수동태의 부정문: 주어 + be동사 + **not** + 과거분사 + by 목적격

- The window was broken by him. 그 창문은 그 사람이 깼어.
  → The window was **not** broken by him. 그 창문은 그 사람에 의해 깨어지지 않았어.
- Those buildings were built by them. 저 건물들은 그들이 지었어.
  → Those buildings were **not** built by them. 저 건물들은 그들에 의해 지어지지 않았어.

2 수동태의 의문문: **be동사** + 주어 + **과거분사** + by 목적격

- The movie was made by her. 그 영화는 그녀에 의해 만들어졌니?
  → **Was** the movie **made** by her? 그 영화는 그녀에 의해 만들어졌니?
- These dishes were cooked by him. 이 음식들은 그가 요리했다.
  → **Were** these dishes **cooked** by him? 이 음식들은 그에 의해 요리되었니?

의문사가 있는 의문문은 의문사를 문장 맨 앞쪽에 써주면 된다.

- **When** was this bridge built? 이 다리는 언제 지어졌어?
- **What** is this called in English? 이것은 영어로 뭐라고 하나요?
- **What** was made by them? 그들이 무엇을 만들었니?

PRACTICE

A. 괄호 안의 말을 배열하여 문장을 완성해 보세요.

1. Coffee ________________ in cold countries. (not, grown, is)
2. These cars ________________ in China. (made, not, are)
3. The dishes ________________ by my brother. (were, washed, not)
4. ________________ by the writer? (made, were, these books)

B. 다음 각 문장을 수동태의 부정문과 의문문으로 만들어 보세요.

1. Much of the work was done by the young workers. → ________________
2. This nice poem was written by Jack. → ________________
3. This building was built by him. → ________________
4. This email was sent by her. → ________________

UNIT 38

A snowman is being made by them. 진행형과 완료형 수동태

38

A snowman **is being made** by them.
눈사람이 그들에 의해 만들어지는 중이야.

The watch **has been lost** by me.
최근에 그 시계는 나에 의해 분실되었다.

1 진행형 수동태: 주어 + **be동사 + being + 과거분사** + by 목적격

- They are making a snowman. 그들은 눈사람을 만드는 중이야.
  → A snowman **is being made** by them. 눈사람이 그들에 의해 만들어지는 중이야.
- She was inviting everyone. 그녀는 모두를 초대하고 있었어.
  → Everyone **was being invited** by her. 모두는 그녀에 의해 초대되어지는 중이야.

2 완료형 수동태: 주어 + **have/has + been + 과거분사** + by 목적격

- She has taught science for many years. 그녀는 과학을 오랫동안 가르쳐왔다.
  → Science **has been taught** by her for many years. 오랫동안 과학은 그녀에 의해 가르쳐졌다.
- I have lost the watch. 나는 그 시계를 잃어버렸다.
  → The watch **has been lost** by me. 최근에 그 시계는 나에 의해 분실되었다.

PRACTICE

A. 우리말과 뜻이 같도록 동사를 변형하여 문장을 완성해 보세요.

1. 특별한 음식이 준비되고 있다. Special food ______________________. (prepare)
2. 귀여운 동물들이 그녀에 의해 그려지고 있는 중이다. Cute animals ______________________ by her. (paint)
3. 모든 문제들을 우리가 막 풀었다. All the problems ______________________ by us. (solve)
4. 이 의자는 두 번이나 부서진 적이 있다. This chair ______________________ twice. (break)
5. 그 엽서들을 잭이 수집하고 있어. These postcards ______________________ by Jack. (collect)

B. 다음 각 문장을 수동태로 만들어 보세요.

1. They were painting the house. → ______________________
2. She is drinking a cup of coffee. → ______________________
3. The little boy is carrying a heavy bag. → ______________________
4. We have solved all the problems. → ______________________
5. He has helped poor neighbors for many years. → ______________________

UNIT 39

The books will be written by him. 미래형과 조동사 수동태

39

The books **will be written** by him.
그 책들은 그가 쓸 것이다.

The project **may not be finished** by him.
그 프로젝트는 그가 못 끝낼 수도 있다.

1 수동태의 미래형: 주어 + will be + 과거분사 + by 목적격

- He will throw **away** the trash. 그가 쓰레기를 버릴 거야.
  → The trash **will be thrown away** by him. 쓰레기는 그에 의해 버려질 거야.
- They will take the picture. 그들은 사진을 찍을 거야.
  → The picture **will be taken** by them. 사진은 그들에 의해 찍힐 거야.

2 조동사가 있는 수동태: 주어 + 조동사 + be + 과거분사 + by 목적격

- I can cook a delicious meal. 나는 맛있는 음식을 만들 수 있어.
  → A delicious meal **can be cooked** by me. 맛있는 음식은 나에 의해 만들어질 수 있어.
- You must close the door. 너는 문을 반드시 닫아야 해.
  → The door **must be closed** by you. 문은 네가 반드시 닫아야 해.

3 조동사 수동태의 부정문은 조동사 다음에 not을 붙이면 된다.

- My broken computer **will not** be repaired by Jason. 내 고장 난 컴퓨터는 제이슨에 의해 고쳐질 거야.
- This button **must not** be touched. 이 버튼은 누르면 안돼.

PRACTICE

A. 우리말과 뜻이 같도록 괄호 안의 동사를 변형하여 문장을 완성해 보세요.

1. 그 창문은 잠겨 있을 수도 있다. The window ______________________. (lock)
2. 우리는 내일 시험을 보게 되니? _______ we ____________________ tomorrow? (test)
3. 그 규칙들은 준수되어야 한다. The rules ____________________ by everyone. (obey)
4. 그는 여기에 주차하면 안 된다. The car ____________________ here by him. (park)
5. 그 계획은 바뀌지 않을 것이다. The plan ____________________ by us. (change)

B. 각 문장을 수동태로 만들어 보세요.

1. She will not solve this math problem. → ____________________
2. They must buy the item. → ____________________
3. I will not change my decision any time soon. → ____________________
4. He may not finish the project. → ____________________

UNIT 40

I am interested in music. 동사구의 수동태와 전치사

40

She **was laughed at** by the boys.
그녀는 소년들한테 비웃음 당했다.

I **am interested in** music. 나는 음악에 관심이 있다.

1 동사구(동사 + 전치사/부사)가 포함된 문장을 수동태로 바꿀 때는 동사구 자체를 하나의 덩어리로 취급하여 전치사/부사를 생략하지 않고 함께 쓴다.

- The boys **laughed at** her. 그 소년들은 그녀를 비웃었다.

→ She **was laughed at** by the boys. 그녀는 소년들한테 비웃음 당했다.

- Mothers **take care of** their babies. 엄마들은 그들의 아이들을 돌본다.

→ Babies **are taken care of** by their mothers. 아기들은 그들의 엄마들로부터 돌봄받는다.

2 수동태에서 가장 일반적으로 쓰이는 전치사는 by이지만 by 뒤의 행위자를 나타낼 필요가 없거나 나타낼 수 없을 경우는 생략하기도 한다. 또한 동사에 따라 by 이외의 다른 전치사를 쓰므로 관용적인 표현으로 외워두는 것이 좋다.

- be interested in ~에 관심이 있다
- be covered with ~로 덮여있다
- be made of ~로 만들어지다
- be surprised at(by) ~에 놀라다
- be worried about ~에 대해 걱정하나
- be satisfied with ~에 만족하다
- be tired of ~에 지치다
- be pleased with ~에 즐거워하다

I **am tired of** cooking now. 나 이제 요리하는 데 지쳤어.
She **was satisfied with** the result. 그녀는 그 결과에 만족했다.

PRACTICE

A. 다음 각 문장을 수동태로 만들어 보세요.

1. She takes care of him. → ______________________________
2. The owner is looking for the cat. → ______________________________
3. Everyone looks down on the man. → ______________________________
4. All her friends look up to her. → ______________________________

B. 다음 빈칸에 알맞은 전치사를 쓰세요.

1. They are surprised ________ the news.
2. I am not interested ________ math.
3. Sumi is pleased ________ the gift.
4. She is not worried ________ her future.
5. The South Pole is covered ________ ice.

Writing

1 그 방은 우리 부모님에 의해 자주 이용된다.

The room ______ often ______ by my parents.

2 그 집은 지난 달 사람들에 의해 페인트 칠이 되었다.

The house ______ ______ ______ the people last month.

3 내일이면 나의 숙제가 끝내질 것이다.

My homework ______ ______ ______ tomorrow.

4 그녀한테 보낼 편지가 정성스럽게 쓰여지고 있다.

The letter for her ______ ______ ______ carefully.

5 그 차는 그 남자에 의해 팔렸다.

The car ______ ______ ______ by the man.

6 그는 오늘 회의에 참여하기로 되어 있다.

He ______ ______ ______ attend today's meeting.

Words

use 이용하다 write 쓰다 sell 팔다
be supposed to ~하기로 되어 있다

This is it!

수동태 부분을 공부하다 보면 종종 be동사 대신에 get이 수동의 의미로 사용되는 경우가 있는데, 언제든지 이 두 단어를 바꿔 쓸 수 있을까요?

(A) My watch was broken.

(B) My watch got broken.

수동태를 만들 때, 구어체에서는 be 대신에 get이 쓰이기도 하는데, 그 의미가 완전히 같은 것은 아닙니다. 위의 (A)문장은 시계가 고장 난 '상태'를 강조하고, (B)문장은 부러지는 '동작'을 강조합니다. 그러나 이런 식으로 매번 구분하는 것은 쉽지 않습니다만 get은 좀 더 예상하지 못한 일이 발생한 경우에 자주 쓴다는 사실을 기억하세요.

(A) I got robbed by a stranger.

(B) I got hit by a car.

(C) She got killed by a criminal.

위 문장들을 보면 뭔가 예상하지 못한 상황들이 발생했음을 알 수 있고, got이란 동사가 자연스럽게 수동태로 쓰이고 있습니다. 그러나 좀 더 기간이 길고, 의도적이고, 계획된 행동을 나타낼 때에는 get을 쓰지 않습니다.

예를 들어, Our house was built in 1978.라는 문장에서 was 대신에 got을 쓰면 틀린 문장이 됩니다. 집이 지어진 것은 계획된 일이고 오랜 시간이 걸리기 때문입니다. The flea market was opened on Thursdays. 라는 문장에서도 is 대신에 get을 쓰면 틀립니다. 벼룩시장이 매주 목요일마다 열렸다는 뜻인데, 역시 지속적이고 예측 가능한 계획된 일이기 때문입니다.

그래서 수동태 문장을 만들 때 늘 be와 get이 서로 바꿔 쓰일 수 있다고 생각하면 어색한 문장이 만들어질 수 있으니 유의하세요.

09 Part

I caught a cold.

관사와 명사

영어를 공부하면서 우리는 무수한 단어를 암기하게 됩니다. '학생' 이란 단어는 student로 암기하지만, 실제 문장에서는 a student 혹은 students처럼 한 명(단수) 인지, 여러 명(복수) 인지 표기를 해야 해요. 물론 단어에 따라서 셀 수 없는 경우도 있어요. 이러한 다양한 경우에 대해 살펴보도록 합시다.

UNIT 41

I caught a cold.

부정관사

41

I caught **a** cold. 나는 감기에 걸렸다.

She is **a** nice coworker. 그녀는 좋은 동료이다.

1 **부정관사**: 부정관사는 **a/an**으로, 셀 수 있는 명사 앞에 써서 단수를 표현한다. 일반적으로 a를 사용하지만, 단어의 첫 발음이 모음일 경우, an을 사용한다.

- **a** student 학생 한 명
- **a** tree 나무 한 그루
- **a** computer 컴퓨터 한 대
- **an** hour 한 시간
- **an** idea 아이디어 하나
- **an** adult 성인 한 명

2 형용사와 결합된 경우: 형용사의 첫 발음을 따라서 a/an을 결정한다.

- **a** kind student 친절한 학생 한 명
- **an** honest student 정직한 학생 한 명

주의 흔히 발생하는 병 앞에는 a/an을 사용한다.

- have **a** cold 감기에 걸리다
- have **a** headache 머리가 아프다

PRACTICE

A. 괄호 안에서 알맞은 것을 고르세요.

1. There is (a / an) orange on the table.
2. There is (a / an) bank near the supermarket.
3. (A / An) English teacher always looks so happy.
4. It takes (a / an) hour to finish cleaning the house.
5. She had (a / an) bad cold.

B. 다음 문장에서 틀린 부분을 알맞게 고쳐 보세요.

1. This is a interesting story.
2. I have dog and a cat.
3. Jack has the toothache.
4. You need a umbrella today.
5. I got an nice gift for my girlfriend.

UNIT 42

He likes to play the cello. 정관사

42

He likes to play **the** cello.
그는 첼로를 연주하는 것을 좋아한다.

She is **the** best worker at my company.
그녀는 내 회사에서 최고의 직원이다.

1 **정관사**: 정관사는 **the**로, 특정한 명사 혹은 앞에서 언급한 명사가 반복될 때 쓰인다. 단수명사 혹은 복수명사 앞에 쓰일 수 있다.

- I have **a** book. I like **the** book a lot. 나는 책 한 권이 있다. 나는 그 책을 많이 좋아한다.

2 악기, 서수, 최상급, 세상에 하나만 존재하는 것(sun, world, earth 등) 앞에 쓰인다.

3 문맥 속에서 말하는 사람과 듣는 사람이 가리키는 대상을 분명히 알 수 있는 경우에도 정관사를 사용한다.

- Pass me **the** salt, please. 소금 좀 건네주세요.

4 관용어구

- in the morning 아침에
- in the afternoon 오후에
- in the evening 저녁에
- in the country 시골에서
- by the way 그런데
- on the way~ ~도중에

PRACTICE

A. 괄호 안에서 알맞은 것을 고르세요.

1. She spends a lot of time practicing (a / an / the) violin.
2. Open (a / an / the) door, please.
3. He is (a / an / the) most famous person in our city.
4. This is the tallest building in (a / an / the) world.
5. On (a / an / the) way home, I saw a cat.

B. 다음 문장에서 틀린 부분을 알맞게 고쳐 보세요.

1. I usually wake up early in a morning.
2. It is nice to see you here. By a way, where are you going now?
3. On a way home, I met Sean and Julie.
4. He is a first child in his family.
5. I like reading books in an evening.

UNIT 43

I go to work by bus. 관사를 사용하지 않는 표현

43

I go to work **by bus.** 나는 버스를 타고 출근한다.

He wanted to eat fried chicken **at midnight.**
그는 한밤중에 치킨이 먹고 싶었다.

1 식사, 계절, 운동, 과목 앞에는 관사를 쓰지 않는다.

- We have a lot of rain in **summer.** 여름에 비가 많이 온다
- I played **soccer** with my friends after **school.** 나는 방과후에 친구들과 축구를 했다.

주의 식사 이름이 수식어(형용사, 형용사구, 형용사절)를 가지면 관사를 사용한다.

- I had **a heavy breakfast.** 나는 아침을 많이 먹었다.

2 그 이외 표현들

- go to school 학교에 가다
- go to bed 잠자리에 들다
- go to church 교회에 가다
- after school 방과 후에
- by bus 버스 타고
- on foot 걸어서
- side by side 나란히
- step by step 한 걸음씩
- face to face 얼굴을 맞대고
- hand in hand 손을 잡고
- at dawn 새벽에
- at night 밤에
- at midnight 한밤중에
- at sunrise 해뜰 때
- at sunset 해질 때
- by mistake 실수로

PRACTICE

A. 우리말과 뜻이 같도록 빈칸을 채우세요.

1. 우리는 항상 저녁식사를 함께 한다. We always have ______________________ together.
2. 내가 가장 좋아하는 계절은 겨울이다. My favorite season is ______________________.
3. 그는 토요일마다 야구하는 것을 즐긴다. He enjoys playing ______________ every Saturday.
4. 영어와 수학은 내가 가장 좋아하는 과목이다. ______________ are my favorite subjects.

B. 다음 문장에서 틀린 부분을 알맞게 고쳐 보세요.

1. She always goes to the bed at 11 p.m.
2. I hung out with my friends after a school.
3. Jack goes to church on the foot.
4. They were sitting a side by side.

UNIT 44 Mason has a lot of toys. 셀 수 있는 명사

44

Mason has a lot of **toys**.
메이슨은 많은 장난감을 가지고 있다.

There are a lot of **sheep** on the field.
들판에 많은 양들이 있다.

1 **셀 수 있는 명사**: 셀 수 있는 명사는 혼자 쓰이지 않고 단수(a/an) 혹은 복수형(-s)으로 표현해야 한다.

- Mason has **a toy**. 메이슨은 장난감 하나를 가지고 있다.
- Mason has a lot of **toys**. 메이슨은 많은 장난감을 가지고 있다.

2 명사의 복수형

일반적 형태: 명사 + s	book → books
-s, -x, -sh, -ch 로 끝나는 명사: 명사 + es	church → churches
자음 + y 로 끝나는 명사: y → i + es	baby → babies
주의 모음 + y 로 끝나는 명사는 s만 붙인다.	toy → toys
-f, -fe 로 끝나는 명사: f, fe → v + es	thief → thieves

3 주의해야 할 불규칙 변화

man – men, woman – women, tooth – teeth, sheep – sheep, deer – deer, fish – fish

- There are a lot of **fish** in the river. (O) 강에는 물고기들이 많이 있다.
- There are a lot of **fishes** in the river. (X)

PRACTICE

A. 괄호 안의 동사를 알맞게 변형하여 문장을 완성해 보세요.

1. There are many ____________________ on the table. (pencil)
2. Do you have any ____________________ or ____________________ ? (brother, sister)
3. Those ____________________ are so adorable. (baby)
4. I don't like these ____________________. Do you have another one? (knife)

B. 괄호 안에서 알맞은 것을 고르세요.

1. There are a lot of (deer / deers) on the mountain.
2. We have a lot of (woman / women) at our company.
3. I need to buy a new (toothbrush / toothesbrush).
4. There is a (church / churches) in my community.

UNIT 45

There are interesting things in Busan. 셀 수 없는 명사

45

There are interesting things in **Busan.**
부산에는 흥미로운 것들이 있다.

I need a glass of **water** now.
나는 지금 물 한잔이 필요하다.

1 **셀 수 없는 명사**: a/an을 사용할 수 없고, 복수형으로 만들 수 없다.

- 물질명사: 일정한 모양이 없는 명사. coffee, bread, water 등
- 추상명사: 추상적인 개념을 나타내는 명사. love, peace 등
- 고유명사: 고유한(하나 밖에 없는) 명사. Justin, Busan, Monday 등

2 물질명사의 수량 표현: 단위를 사용하여 표현하고, 복수형은 단어가 아닌 단위에 표기해야 한다.

- a cup of coffee 커피 한 잔 → two cups of coffee 커피 두 잔
- a loaf of bread 빵 한 조각 → two loaves of bread 빵 두 조각
- a glass of water 물 한 잔 → two glasses of water 물 두 잔
- a piece of cake 케익 한 조각 → two pieces of cake 케익 두 조각
- a pair of sneakers 운동화 한 켤레 → two pairs of sneakers 운동화 두 켤레

PRACTICE

A. 우리말과 뜻이 같도록 문장을 완성해 보세요.

1. 나는 커피 한 잔이 필요해. I need ____________________.
2. 물 한 잔 마실 수 있을까요? 목이 너무 마르네요. Can I have ________________? I'm so thirsty.
3. 너는 새로운 운동화 한 켤레를 사야겠다. You need to get _______ new ____________.
4. 케익 두 조각 주시겠어요? Can I get ____________________?
5. 여기 빵 세 조각이요. Here are ________________________.

B. 다음 문장에서 틀린 부분을 알맞게 고쳐 보세요.

1. Can I have some waters?
2. We will have a meeting next the Monday.
3. I have lived in the Seoul for 10 years.
4. She had lots of the love from the people in the world.
5. With the peace, our world will be better than before.

Writing

1 나는 그가 정직한 직원이라고 생각한다.

I ______ that he is ______ ______ worker.

2 라디오 볼륨 좀 낮춰 주시겠어요?

Can you ______ ______ ______ ______ on the radio?

3 제가 실수로 그 창문을 깼어요.

I ______ the window ______ ______.

4 우리나라의 많은 도시들은 5년 동안 많은 변화들을 겪어왔다.

Many ______ in our country have ______ ______ a lot of ______ for 5 ______.

5 케이크 두 조각과 오렌지 주스 3잔 주세요.

Can I have two ______ ______ ______ and three ______ of orange ______?

6 나는 한밤중에 누군가가 밖에서 노래하는 것을 들을 수 있었다.

I could ______ someone singing ______ ______ outside at ______.

Words

honest 정직한
go through 경험하다, 겪다
turn down 소리를 줄이다
outside 밖에
by mistake 실수로
at midnight 한밤중에

This is it!

영어를 많이 공부한 사람이라면 누구나 명사와 관사를 가장 어려워 합니다.

(A) I had breakfast. (B) I had a breakfast.

(C) I had heavy dinner. (D) I had a heavy dinner.

(A)와 (B), (C)와 (D) 중에 어느 문장이 맞을까요?

결론적으로 (A)와 (D)가 맞습니다. 일반적으로 식사 명칭 앞에는 관사를 붙이지 않는 것이 원칙입니다. 그래서 I had lunch., I had dinner.가 맞는 표현입니다. 그럼 (D)에서는 왜 관사를 붙였을까요?

heavy라는 형용사가 dinner를 수식해 주기 때문입니다. dinner와 a heavy dinner를 비교해 보면 a heavy dinner가 좀 더 구체적입니다. 이처럼 명사를 구체화 시키는 경우에는 가산 명사처럼 쓰여 관사가 붙을 수 있습니다.

(A) Can you play the guitar?
(B) Can you play a guitar?
(C) Can you play guitar?

위 세 문장 중에 어느 것이 맞을까요?

(A)가 맞는 답입니다. the guitar는 '저 기타'가 아니라 '일반적인 기타', 기타를 대표하는 표현입니다. 해석을 해보면, '너 기타라는 악기를 칠 줄 아니?'가 됩니다. 악기를 일반화 할 때는 'the + 악기'의 형태를 써야 하기 때문입니다. 그러나 미국식 영어에서는 the를 생략해서, play guitar라는 표현을 play the guitar 만큼이나 많이 쓰고 있습니다.

예외적으로, 악기가 연주의 대상이 아니라 일반적인 물건으로 쓰일 때에는 복수형으로 써야 한다는 사실도 알아두세요.

Guitars are really cheap.

10

Part

These are your flowers.

대명사

대명사에는 여러 가지 종류가 있습니다. 대명사 공부를 시작하기 전에 명사, 형용사 및 부사의 개념을 한번 더 정리한다면 조금 더 수월할 것입니다. 시작하기 너무 어렵다면, 한 가지만 명심하고 가세요. 사람이나 사물(명사)을 대신하여 사용하는 단어를 대명사라고 합니다.

UNIT 46

These are your flowers. 지시대명사

46

These are your flowers. 이것들은 너의 꽃이다.

That is my boss. 저 사람은 나의 사장이다.

1 지시대명사: 사람이나 사물을 가리킨다.

단수		복수	
This	이것, 이 사람	These	이것들, 이 사람들
That	저것, 저 사람	Those	저것들, 저 사람들
It	그것	They	그것들, 그들

- Is **this** the train for Boston? 이것이 보스턴행 열차입니까? - Yes, **it** is. 네, 그렇습니다.
- Are **those** your brothers? 저 사람들은 당신의 형제들인가요?
  - No, **they** aren't. **They** are my friends. 아니요, 그렇지 않습니다. 그들은 제 친구들입니다.
- 의문문의 경우 : this / that으로 물어보면 사물은 it, 사람은 인칭대명사로 대답
  these / those로 물어보면 they로 대답

2 of의 수식을 받는 that과 those: 단수명사를 대신할 때는 **that**, 복수명사를 대신할 때는 **those**를 사용한다.

- The temperature of Seoul is much warmer than **that** of Busan.
  서울의 온도는 부산의 온도보다 훨씬 더 따뜻하다. (that = the temperature)
- The classes of my school are bigger than **those** of yours.
  나의 학교의 학급이 너의 학교의 학급보다 더 크다. (those = the classes)

PRACTICE

A. 괄호 안에서 알맞은 것을 고르세요.

1. (This / These) is my cousin.
2. (This / These) are my cousins.
3. I like (that / those) flower.
4. I like (that / those) flowers.
5. I know (that / those) person.

B. 괄호 안에서 알맞은 것을 고르세요.

1. A: Is this your car? B: Yes, (it is / this is).
2. A: Are those your books? B: No, (they aren't / those aren't).
3. A: Is that your mom? B: Yes, (it is / she is).
4. A: Is this your boyfriend? B: No, (it isn't / he isn't).
5. A: Are (these / this) your pens? B: Yes, they are.

UNIT 47

I don't have a pen. Can I borrow one? 부정대명사

47

I don't have a pen. Can I borrow **one**?
나는 펜이 없어. 하나 빌릴 수 있을까?

There are two cats. **One** is mine, and **the other** is yours.
고양이가 두 마리 있다. 한 마리는 나의 것이고, 다른 한 마리는 너의 것이다.

1 **부정대명사**: 명확하지 않은 것을 가리킬 때 사용한다.

- 단수명사를 대신할 때는 **one**, 복수명사를 대신할 때는 **ones**를 사용한다.
- 둘 중에 하나는 **one**, 다른 하나를 가리킬 때는 **the other**를 사용한다.
- 셋 중에 하나는 **one**, 또 다른 하나는 **another**, 나머지 다른 하나는 **the other**이다.

- 여럿 중에 일부는 **some**, 다른 일부는 **others**(정해지지 않은 막연한 수)라고 말한다.

- 여럿 중에 일부는 **some**, 나머지(모두) 다른 일부는 **the others**(정해진 수)이다.

- **each:** 각각의, 각자의
- **every:** 모든
- **both:** 둘 다, 양쪽, 양쪽의~
- **all:** 모든 사람, 모든 것, 모든~ (사람 나타내면 복수, 사물 나타내면 단수)

PRACTICE

A. 빈칸에 알맞은 대명사를 쓰세요.

1. I don't like this shirt. Do you have _______________?
2. I have three dogs. One is black, _______________ is brown and _______________ is white.
3. We have 100 students in our classroom. Some students like playing basketball and _______________ like playing soccer.
4. She has two best friends. One is from China and _______________ is from Germany.
5. I need a pen to write with. Can I borrow _______________?

B. 다음 문장에서 틀린 부분을 알맞게 고쳐 보세요.

1. Each person have his/her own locker.
2. All the coworker have to attend the meeting at 5 p.m.
3. I need a new shirt. Can you show me ones?
4. I have two cars. One is red and other is black.
5. We offer a variety of activities. Some people like fishing and other like golfing.

UNIT 48

You borrowed my pen. Can I get it back? 대명사 it

48

You borrowed my pen. Can I get **it** back?
네가 내 펜을 빌려갔었어. 그것을 돌려줄래?

It's dark outside. 밖이 어둡다.

1 지시대명사 it: 특정한 것을 가리킬 때 사용한다. 복수형은 they이다.

2 비인칭 주어: 날씨, 날짜, 계절, 요일, 거리, 가격, 시간, 명암, 온도를 나타낼 때 주어로 it을 사용한다.

- **It**'s sunny today. 오늘은 날씨가 화창하다.
- **It**'s Wednesday, December 2nd. 오늘은 12월 2일 수요일이다.
- **It** takes 2 hours to get there. 거기에 도착하는 데 2시간 걸린다.

3 가주어: 주어가 길 경우, 주어 자리에 **가주어 it**을 넣어주고 진짜 주어를 문장 뒤로 보낸다.

- **To clean this big house** is not easy. 이 큰 집을 청소하는 것은 쉽지 않다.
  = **It** is not easy **to clean this big house**.
- **To spend the afternoon with you** was nice. 당신과 오후 시간을 보내는 것은 좋았다.
  = **It** was nice **to spend the afternoon with you**.

PRACTICE

A. 빈칸에 알맞은 대명사를 쓰세요.

1. Sorry, I didn't bring your book. Can I give __________ back to you later?
2. __________ is so nice outside. Let's go on a picnic.
3. __________ took 3 hours to get here because of the traffic jam.
4. __________ is difficult to take care of a new born baby.
5. I like Tom's project. __________ is well-organized.

B. 다음 문장에서 틀린 부분을 알맞게 고쳐 보세요.

1. This is autumn now. I can enjoy a lot of colorful trees.
2. They agreed with Tom's ideas. I like it, too.
3. This is already 2 p.m. We need to hurry to get there.
4. That is foolish of you to say so.
5. That is so hot outside. You don't need to bring your jacket.

UNIT 49

Who is your coworker? 의문대명사

Who is your coworker? 누가 너의 직장 동료이니?

I don't know **who(m)** I like.
나는 내가 누구를 좋아하는지 모르겠다.

1 **의문사**: 의문문을 만들 때 쓰이는 **what, who, which**가 있다.

- **What** is your favorite movie? 네가 가장 좋아하는 영화는 무엇이니?
- **Who** is your mother? 누가 너의 어머니시니?
- **Which** do you more, tea or coffee? 차와 커피 중에서 어느 것을 더 좋아하니?

2 **의문사**는 절과 만나서 문장에서 주어, 목적어, 보어로 쓰일 수 있다. 어순은 **'의문사 + 주어 + 동사'**이다. who는 격 변화가 이루어져서 **주격은 who, 소유격은 whose, 목적격은 whom**이다. what, which + 명사가 결합되는 경우도 있다.

- I don't know **what** I should do now. 나는 내가 지금 무엇을 해야 하는지 모르겠다.
- I don't know **who(m)** I like. 나는 내가 누구를 좋아하는지 모르겠다.
- I don't know **which** umbrella is yours. 나는 어떤 우산이 너의 것인지 모르겠다.

3 **의문사**: when(언제), where(어디에), how(어떻게), why(왜)

- **When** are we leaving? 우리는 언제 떠나?
- **How** can I help you? 어떻게 도와드릴까요?

PRACTICE

A. 괄호 안에서 알맞은 것을 고르세요.

1. (What / Who / Which) do you do for a living?
2. (What / Who / Which) is your mom?
3. (What / Who / Which) do you prefer, books or movies?
4. (What / Who / Which) are you going to do for the next vacation?
5. (What / Who / Which) are you going to go with on the next vacation?

B. 괄호 안의 단어를 배열하여 문장을 완성해 보세요.

1. You should let me know __________________ next. (are, do, to, going, what, you)
2. I can't decide __________________ for lunch. (food, I, have, will, what)
3. She asked me __________________. (movie, my, what, favorite, is)
4. We need to choose __________________. (manager, will, our, who, be)
5. I don't know __________________. (loves, whom, Jack)

UNIT 50
I cleaned his car myself. 재귀대명사

50

I cleaned his car **myself.** 나는 그의 차를 세차했다.

I drew **myself** on the canvas.
나는 캔버스에 나 자신을 그렸다.

1 재귀대명사: '~자신이', '~자체'라는 뜻을 가진 대명사이다.

인칭	단수	복수
1인칭	**I – myself**	**We – ourselves**
2인칭	**You – yourself**	**You – yourselves**
3인칭	**He, She, It – himself, herself, itself**	**They – themselves**

2 재귀용법과 강조용법

- **재귀용법**: 주어와 목적어가 동일할 때, 목적어에 재귀대명사를 사용하고, 생략이 불가능하다.
  I looked at **myself** in the window. 나는 창문에서 나 자신을 보았다.
- **강조용법**: 강조하기 위해 사용하는 재귀대명사로 생략이 가능하다.
  I baked those cookies **myself.** 나는 저 쿠키를 직접 구웠다.

3 관용표현

- by oneself 홀로
- for oneself 혼자 힘으로
- in itself 본래, 그 자체로
- of itself 저절로
- enjoy oneself 즐겁게 보내다
- help oneself (to + 음식) (~을) 마음껏 먹다
- between ourselves 우리끼리 이야기지만
- pride oneself on 자랑스럽게 여기다

PRACTICE

A. 우리말과 뜻이 같도록 빈칸에 알맞은 재귀대명사를 쓰세요.

1. 제 소개를 해볼게요. Let me introduce ________________.
2. 너는 해외에서 네 자신을 돌봐야 해. You should take care of ________________ abroad.
3. 그녀는 스스로 집을 청소했다. She cleaned the house ________________.
4. 나는 직접 저녁을 요리했다. I cooked dinner ________________.

B. 빈칸에 알맞은 재귀대명사를 쓰세요.

1. He has lived abroad by ________________ for 5 years.
2. Between ________________, I really love him.
3. I enjoyed ________________ at the Halloween party.
4. The door opened ________________.

Writing

1 이 건물의 지붕은 다른 건물의 지붕보다 색깔이 더 밝다.

The roof of this ______ has a ______ color than ______ of the other one.

2 나는 2학년 담임 선생님이다. 나의 학생들 중 일부는 말썽을 피우지 않는다.

I'm a ______ teacher for 2nd grade. ______ of my students ______ out of ______.

3 날 오해하지 마세요. 저 혼자 거실을 어질러 놓은 것이 아니예요.

Don't ______ me ______. I didn't make a ______ in the living room ______ ______.

4 우리는 어떤 영화를 볼 지 결정할 필요가 있어.

We need to decide ______ ______ we will ______.

5 버스로 박물관에 도착하는데 1시간 걸릴 것이다.

______ will take 1 hour to ______ to the museum ______ ______.

6 새로운 장소에 가는 것은 흥미롭다.

______ is ______ to ______ to a new place.

Words

bright 밝은
stay out of trouble 말썽 피우지 않다
make a mess 어질러 놓다
homeroom teacher 담임 선생님
Don't get me wrong. 날 오해하지 마세요.
get to + 장소 ~에 도착하다

This is it!

영어를 한국어로 번역하면서 생기는 잘못된 용법들이 있습니다. 가장 잘못 쓰는 표현중의 하나가 '어떻게 생각해?'라는 문장입니다. 영어를 많이 공부한 사람들조차도, '내 의견에 대해 어떻게 생각해?'라고 질문했을 때, How do you think ~?라는 문장을 떠올립니다. 왜냐하면 '어떻게 = how'로 공부를 해왔기 때문입니다. 그러나 한국말에서 '어떻게 생각해?'는 느낌이나 의견을 묻는 것이고, 영어에서 how는 '도구나 수단, 과정이나 방법을' 묻는 것입니다. 그러니까 How do you think로 묻게 되면, 우스갯소리로 with my brain이란 답이 나올 수 있게 됩니다.

그래서 의견을 물을 때에는 how(어떻게)가 아니라 what(무엇을) 생각하는지 묻는 것이 옳습니다. 왜냐하면 think라는 동사랑 더 잘 어울리는 단어가 what이기 때문입니다.

How do you think about my opinion? (X)
What do you think about my opinion? (O) 내 의견에 대한 너의 생각은 뭐야?

그러니 how를 써서도 의견이나 감정을 물을 수 있는데, 다음과 같이 표현하면 됩니다.

How do you feel about my opinion?
How do you like my opinion?

마지막으로 다음의 표현을 연습해 봅시다.

우리의 서비스에 대해 어떻게 생각하세요?

What do you think of our service?
How do you feel about our service?
How do you like our service?

11 Part

I want to take a rest.

to 부정사

eat(먹다)이라는 단어로 '먹는 것', '먹기 위해', '먹어서'와 같은 표현은 영어로 어떻게 만들까요? eat 앞에 to를 붙여서 to eat으로 쓰면 됩니다. 즉, eat은 '먹다'라는 뜻이지만, to eat은 '먹는 것', '먹기 위해', '먹어서'와 같은 다양한 뜻을 가지게 되므로 한국말과 달리 문맥이 훨씬 더 중요해집니다. 한국말은 단어의 위치가 바뀌더라도 조사만 보면 충분히 무슨 내용인지 알기 쉽지만, 영어에서는 어순이 바뀜과 동시에 뜻도 바뀌어 버리는 현상이 자주 발생합니다. 그럼 이제부터 to 부정사를 활용하는 방법을 배워봅시다.

UNIT 51

I want to take a rest. to 부정사(명사적)

51

I want **to take** a rest. 나는 휴식을 취하고 싶다.

I want **to watch** a movie. 나는 영화를 보고 싶다.

1 **to + 동사원형**: 문장에서 **명사 역할(주어, 목적어, 보어 기능)**을 하고, **'~하는 것'**으로 해석한다.

동사원형	to + 동사원형
take a rest 휴식을 취하다	**to take a rest** 휴식을 취하는 것
watch 보다	**to watch** 보는 것
play 놀다	**to play** 노는 것
eat out 외식하다	**to eat out** 외식하는 것
go 가다	**to go** 가는 것

- He wants **to play** with his dad. 그는 아빠와 함께 노는 것을 원한다.
- She plans **to eat** out with her sister. 그녀는 여동생과 외식할 계획이다.

2 **부정형**: **not + to + 동사원형**의 형태로, **'~하지 않는 것'**으로 해석한다.

- I want you **not to mess** up your room. 나는 네가 방을 어지르지 않기를 원한다.
- She wants him **not to annoy** her. 그녀는 그가 그녀를 귀찮게 하지 않기를 원한다.

PRACTICE

A. 괄호 안의 동사를 알맞게 변형하여 to 부정사의 문장을 완성하세요.

1. He wants ________________ his friends. (meet)
2. Bella wants ________________ a movie. (watch)
3. I plan ________________ to Canada. (go)
4. I would like ________________ some coffee with my friends. (have)
5. Joe decided ________________ with his family. (eat)

B. 괄호 안의 단어를 알맞게 배열해 보세요.

1. I want him ____. (make, not, a, to, noise)
2. She wants him ____. (be, to, sad, not)
3. I want ____. (play, soccer, to)
4. She wants ____. (take, a, to, rest)
5. He wants ____. (eat, tonight, out, to)

UNIT 52

I don't know what to do. 의문사 + to 부정사(명사적)

52

I don't know **what to do.** 나는 무엇을 해야 할지 모르겠다.

Could you tell me **how to get** there?
그곳에 도착하는 방법을 알려 주시겠어요?

1 **의문사 + to + 동사원형**: 의문사와 결합된 to 부정사는 다음과 같이 하나의 덩어리로 해석해주면 된다.

의문사 + to + 동사원형
what to do 무엇을 할지
where to go 어디에 갈지
when to meet 언제 만날지
how to cook 어떻게 요리할지
which book to buy 어떤 책을 살지

- We didn't decide **where to go** on vacation. 우리는 휴가로 어디를 갈지 정하지 않았다.
- Jane will tell you **when to meet**. 제인은 언제 만날지 너에게 말해 줄거야.
- My husband showed me **how to cook** bulgogi. 나의 남편은 불고기를 어떻게 요리하는지 내게 보여줬다.
- I don't know **which clothes to buy**. 나는 어떤 옷을 사야 할지 모르겠다.

PRACTICE

A. 괄호 안의 동사를 알맞게 변형하여 to 부정사의 문장을 완성하세요.

1. We need to plan what _______________ first. (do)
2. She will decide where _______________ on vacation. (go)
3. I haven't heard when _______________ from him yet. (meet)
4. She explains how _______________ French to me. (study)
5. John will check which book _______________ for the next semester. (get)

B. 괄호 안의 단어를 알맞게 배열해 보세요.

1. I want to know ____________________________ to the post office. (how, get, to)
2. James will decide ____________________________ for his mom's birthday. (to, buy, what)
3. I know ____________________________ first. (do, to, what)
4. He is thinking ____________________________ that. (do, how, to)
5. She doesn't know ____________________________. (go, to, where)

UNIT 53 I want something to drink. to 부정사(형용사적)

53

I want **something to drink.** 나는 마실 것을 원한다.

I need **a house to live in.** 나는 살 집이 필요하다.

1 **to + 동사원형**: 문장에서 **형용사 역할(명사 수식)**을 하고, **'~할 (+ 명사)'**로 해석한다.

동사원형	to + 동사원형
drink 마시다	**something to drink** 마실 것
live 살다	**a house to live in** 살 집
talk 말하다	**a friend to talk to** 말할 친구
write 쓰다	**a pencil to write with** 쓸 펜
do 하다	**work to do** 할 일

2 **something + 형용사 + to + 동사원형**: -thing으로 끝나는 명사는 형용사가 뒤에서 꾸며준다.
- She needs **something cold to drink.** 그녀는 차가운 마실 것이 필요하다.

3 **It is time to + 동사원형**: ~할 시간이다
- **It is time to take** your medicine. 약을 먹어야 할 시간이다.

PRACTICE

A. 괄호 안의 동사를 알맞게 변형하여 to 부정사의 문장을 완성하세요.

1. She needs a friend ________________ to. (talk)
2. Jake has a lot of work ________________. (do)
3. I need a pencil ________________ with. (write)
4. Justin wants a friend ________________ with. (hang out)
5. He needs something ________________. (eat)

B. 괄호 안의 단어들을 알맞게 배열해 보세요.

1. Jane needs ________________. (cold, to, something, drink)
2. I want ________________. (something, drink, hot, to)
3. It is ________________ with my son. (play, to, time)
4. I have ________________ you. (to, something, tell)
5. We need ________________. (a, house, big, live, to, in)

UNIT 54

I study English to go to Canada. to 부정사(부사적 - 목적)

54

I study English **to go** to Canada.
나는 캐나다에 가기 위해서 영어를 공부한다.

I work hard **to take** a rest on the weekend.
나는 주말에 쉬기 위해 열심히 일한다.

1 to + 동사원형: 문장에서 부사적 용법으로 목적을 나타내고, '~하기 위해'로 해석한다.

동사원형	to + 동사원형
take a rest 휴식을 취하다	**to take a rest** 휴식을 취하기 위해
watch 보다	**to watch** 보기 위해
play 놀다	**to play** 놀기 위해
meet 만나다	**to meet** 만나기 위해
go 가다	**to go** 가기 위해

- He got all dressed up **to meet** her. 그는 그녀를 만나기 위해 잘 차려 입었다.
- I should call him **to cancel** the meeting. 나는 그 회의를 취소하기 위해 그에게 전화해야 한다.
- She needs to hurry up **to watch** that movie. 그녀는 그 영화를 보기 위해 서둘러야 한다.

2 in order to + 동사원형: '~하기 위해'라는 의미로, 문장을 강조할 때 쓴다.

- Sam plans to go to England **in order to visit** his grandmother.
  샘은 할머니댁을 방문하기 위해 영국에 갈 계획이다.

PRACTICE

A. 괄호 안의 동사를 알맞게 변형하여 to 부정사의 문장을 완성하세요.

1. My son is doing his homework ________________ on the weekend. (play)
2. I will go to New Zealand ________________ my friend. (visit)
3. Sam should leave soon ________________ his girlfriend. (meet)
4. She came here ________________ with me. (talk)
5. I opened the box ________________ something. (find)

B. 괄호 안의 단어들을 알맞게 배열해 보세요.

1. Tim went there ______________________________. (to, her, see, in, order)
2. Mary called him ______________________________. (say, in, sorry, order, to)
3. He wants to meet you ______________________________. (the, discuss, problem, to)
4. I called my friend ______________________________. (his, for, help, to, ask)
5. You should hurry up not ______________________________. (miss, bus, the, to)

UNIT 55 I am happy to see you again. to 부정사(부사적 - 감정의 원인)

55

I am happy **to see** you again. 널 다시 보게 되어서 기뻐.

I am sorry **to hear** that. 그 소식을 들어서 유감입니다.

1 **to + 동사원형**: 주로 감정을 나타내는 형용사 다음에 오고, '**~해서 …한**'으로 해석한다.

감정을 나타내는 형용사	
surprised 놀란	+ **to** 동사원형
satisfied 만족한	
happy 행복한	
annoyed 짜증 난	
disappointed 실망한	
excited 흥분한	

- She is **happy to meet** him. 그녀는 그를 만나서 행복하다.
- I was **annoyed to hear** the news. 나는 그 소식을 들어서 짜증이 났다.
- I'm **disappointed not to be** chosen as a leader. 나는 리더로 선택받지 못해 실망했다.

PRACTICE

A. **to** 부정사에 유의하여 다음 문장을 해석해 보세요.

1. He was excited to see his dad after a long trip. → ____________________
2. Tom was disappointed to get a bad grade. → ____________________
3. She was satisfied to have an amazing birthday party. → ____________________
4. His mom was glad to hear the news. → ____________________
5. I am so happy to have fun with you. → ____________________

B. 다음 문장에서 틀린 부분을 알맞게 고쳐 보세요.

1. He was glad meet her again.
2. I was excited ride a bicycle for the first time.
3. We are so happy be together.
4. She was pleased get her money back.
5. You were so depressed get the bad result.

Writing

1 나는 친구들과 함께 소풍을 가기를 원합니다.

I want ______ ______ on a ______ with my friends.

2 그는 오늘밤 해야 할 일이 많아요.

He has a lot of ______ ______ ______ tonight.

3 그녀는 프랑스를 여행하기 위해서 프랑스어를 공부하고 있습니다.

She is studying French ______ ______ to France.

4 우리는 오늘밤 어디에서 저녁을 먹어야 할지 결정하지 못했어요.

We didn't decide ______ ______ ______ dinner tonight.

5 나는 그를 다시 만나게 되어서 매우 기쁩니다.

I am so happy ______ ______ ______ again.

6 나는 맛있는 음식을 먹기 위해 운동한다.

I am exercising ______ ______ delicious food.

Words

go on a picnic 소풍가다
decide 결정하다
a lot of work 많은 일
exercise 운동하다

This is it!

아침밥 먹으러 가자.

Let's go to eat breakfast.

한국말과 영어의 어순에는 어떤 차이가 있을까요?

영어 문장은 기본적으로 시간 순서대로 쓰면 됩니다. 위 문장에 등장하는 두 개의 동사 go와 eat 중 어느 것을 먼저 써야 할까요? 가는 행위(go)와 먹는 행위(eat) 중 당연히 먼저 벌어지는 사건은 가는(go) 것이고, 그래야 먹을(eat)수 있게 됩니다. 그래서 go를 먼저 쓰고, 다음 eat이라는 동사가 연결되는 것입니다. 그러나 eat이라는 동사는 글자 그대로 '먹다'는 뜻이고, '먹으러'라는 뜻으로 쓰이기 위해서는 to eat으로 써야 합니다. 결국 go to eat이라는 표현에서 to eat은 미래적 의미를 지니게 됩니다. 그러나 사실 go to eat을 '먹으러 가자'고 이해하는 것 보다는 '가서 먹자'라고 생각하는 것이 좀 더 영어를 이해하는데 도움이 될 듯 합니다.

모든 문장이 그런 것은 아니지만, 대개 '동사 + to 부정사'의 구조에서는 'to 부정사'가 미래적 의미를 지니는 후행사건이라는 것을 잊지 마세요.

I went out to meet my girlfriend.

❶ 나는 여자친구를 만나러(to meet) 밖에 나갔다(went out).

❷ 나는 나가서(went out) 여자친구를 만났다(to meet).

둘 중에 어느 쪽으로 해석을 하더라도 의미는 통하지만, 기존에 대부분의 영문법들은 ❶의 방식으로 설명하고 있습니다. 'to 부정사'의 형태를 설명하기에 좀 더 편한 방식이기 때문인데, 앞으로는 ❷의 방식을 참고하는 것도 괜찮습니다.

12
Part

I enjoy having coffee.

동명사

우리가 회화를 할 때, 많이 듣는 '동사원형 + ing'는 어떠한 의미를 가지고 있을까요?
'~하는 중인', '~하는 것', 혹은 '~하기 위한' 등의 의미를 가지고 있습니다. 하지만 이것들을 어떻게 사용하는 것이 적절한지 정말 헷갈릴 때가 많습니다. 이 모든 궁금증을 해결하기 위해 이번 단원에서는 동명사에 대해 알아보면서 관용표현을 암기하여 여러 상황에 사용해 보고자 합니다.

UNIT 56

I enjoy having coffee. 동명사 VS 현재분사

56

I enjoy **having** coffee. 나는 커피 마시는 것을 즐긴다.

Do you mind **closing** the window?
창문 좀 닫아주시겠어요?

1 동명사: 동사원형+ing의 형태로, '~하는 것', '~하기 위한'으로 해석한다.

I like **watching** movies. 나는 영화 보는 것을 좋아한다.
He likes **climbing** mountains on Sundays. 그는 일요일마다 등산하는 것을 좋아한다.
sleeping bag 잠자기 위한 가방(침낭) 주의 bag은 sleep할 수 없어서 동명사

2 현재분사: 동사원형+ing의 형태로, '~하는', '~하는 중인'으로 해석한다. Unit 13. 현재분사 p.114 참조

I am **watching** a movie. 나는 영화를 보는 중이다.
He is **climbing** the mountain. 그는 등산하는 중이다.
sleeping baby 잠자는 아이 주의 baby는 sleep할 수 있으니까 현재분사

3 부정형: not + 동사원형+ing의 형태

- **동명사**: '~하지 않는 것'으로 해석한다.
  Not having a late dinner is good for your health. 늦은 저녁 식사를 하지 않는 것이 건강에 좋다.
- **현재분사**: '~하지 않는'으로 해석한다.
  Not having read the book, he couldn't understand the lecture. 책을 읽지 않아서, 강의를 이해할 수 없었다.

PRACTICE

A. 괄호 안의 동사를 알맞게 변형하여 문장을 완성하세요.

1. It starts ________________. (rain)
2. ________________ cookies is my hobby. (make)
3. I like ________________ for my family. (cook)
4. ________________ a conversation with old people is quite interesting. (have)
5. She likes ________________ the piano. (play)

B. 다음 밑줄 친 부분이 동명사인지 현재분사인지 구별하세요.

1. <u>Going</u> to Paris for summer vacation is my plan. (동명사 / 현재분사)
2. I am <u>going</u> there to meet my friends. (동명사 / 현재분사)
3. <u>Going</u> to new places is interesting. (동명사 / 현재분사)
4. Don't smoke here. You should find the <u>smoking</u> area. (동명사 / 현재분사)
5. The baby is <u>sleeping</u> on the bed. (동명사 / 현재분사)

UNIT 57 I like meeting new people. 동명사 VS to 부정사 I

57

I like **meeting** new people.
나는 새로운 사람들을 만나는 것을 좋아한다.

I like **to meet** new people.
나는 새로운 사람들을 만나는 것을 좋아한다.

1 일반적으로 **동명사**와 **to 부정사**는 둘 다 **'~하는 것'** 이라는 뜻을 가지고 있다. 일상 대화에서 편하게 둘 중 하나를 사용할 수 있다.

2 다음과 같은 동사 다음에는 동명사 혹은 to 부정사만 사용해야 한다.

- **동명사**만 목적어로 취하는 동사 **주의** 이미 시작한 일

  mind, enjoy, give up, avoid, finish, escape 등

  I **enjoy** cook**ing** for my family. 나는 우리 가족을 위해 요리하는 것이 즐겁다.
  She **avoids** go**ing** back to work. 그녀는 일하러 돌아가는 것을 피한다.
  He **finished** writ**ing** the report. 그는 보고서 작성을 끝냈다.

- **to 부정사**만 목적어로 취하는 동사 **주의** 앞으로 있을 일

  want, would like, wish, hope, plan, decide, agree 등

  I **want to** go there with you. 나는 너와 함께 그곳에 가기를 원한다.
  I **would like to** hear the news. 나는 그 뉴스를 듣고 싶어.
  Tina **decided to** go to Rome for a holiday. 티나는 연휴동안 로마에 가기로 결심했다.

PRACTICE

A. 괄호 안에서 알맞은 것을 고르세요.

1. I would like (have / to have) some drinks.
2. They finished (working / to work) on their project.
3. She stopped (smoking / to smoke) for her health.
4. We agreed (having / to have) a day-off this week.
5. Would you mind (changing / to change) the seat?

B. 괄호 안의 동사를 알맞게 변형하여 문장을 완성하세요.

1. ________________ here with you makes me happy. (work)
2. His job is ________________ the poor find their new jobs. (help)
3. I want to finish ________________ now. (work)
4. She avoided ________________ him in the morning. (see)
5. I am planning ________________ to Italy. (go)

UNIT 58

I remember meeting her at the party. 동명사 VS to 부정사 II

I **remember meeting** her at the party.
나는 파티에서 그녀를 만났던 것을 기억한다.

I should **remember to meet** her there tomorrow. 나는 내일 그곳에서 그녀를 만날 것을 기억해야 한다.

1 다음과 같은 동사 다음에 동명사 및 to부정사 모두 사용할 수 있지만, 의미가 달라진다.

- **remember** + 동명사: ~했던 것을 기억하다 / **to** 부정사: ~할 것을 기억하다
  She **remembered doing** her homework. 그녀는 그녀의 숙제를 했던 것을 기억했다.
  She **remembered to do** her homework. 그녀는 그녀의 숙제를 할 것을 기억했다.
- **forget** + 동명사: ~했던 것을 잊다 / **to** 부정사: ~할 것을 잊다
  He **forgot buying** the books. 그는 이미 책을 샀음에도 그 사실을 잊어버렸다.
  He **forgot to buy** the books. 그는 책을 사야 함에도 잊고 사지 못했다.
- **stop** + 동명사: ~하는 것을 멈추다 / **to** 부정사: ~하기 위해 멈추다
  He **stopped exercising** after he broke up with his girlfriend. 그는 여자친구와 헤어진 후 운동을 그만두었다.
  He **stopped to get** a drink of water. 그는 멈춰서서 물 한 잔을 마셨다.
- **try** + 동명사: ~을 시험 삼아 해보다 / **to** 부정사: ~하려고 노력하다
- **regret** + 동명사: ~했던 것을 후회하다 / **to** 부정사 : ~해서 유감이다

PRACTICE

A. 괄호 안의 동사를 알맞게 변형하여 문장을 완성하세요.

1. She forgot __________________ the door. (lock)
2. I have been trying __________________ my best this semester. (do)
3. I can't find your book in my room. Why don't you try ____________ your room? (check)
4. They should stop __________________ at her. She is crying now. (laugh)
5. He regretted __________________ a lie to his mom yesterday. (tell)

B. 괄호 안에서 알맞은 것을 고르세요.

1. I regretted not (to do / doing) my best during my school year.
2. I regret (to tell / telling) you the wrong answer before.
3. She remembered (to have / having) fun with her family when they lived in Australia.
4. I have to remember (to send / sending) this package to my grandparents tomorrow.
5. You should stop (to drink / drinking) for your health.

UNIT 59 I feel like having some coffee. 동명사의 관용 표현 I

59

I **feel like having** some coffee.
나는 커피를 마시고 싶다.

She **feels like taking** a break for a while.
그녀는 잠시 쉬고 싶다.

1 동명사의 관용표현

- **be busy -ing** ~하느라 바쁘다
- **cannot help -ing** ~하지 않을 수 없다
- **have difficulty -ing** ~하는데 애를 먹다
- **be worth -ing** ~할 가치가 있다
- **feel like -ing** ~하고 싶다
- **spend time -ing** ~하는데 시간을 소비하다

Jane **is busy working** on her last assignment. 제인은 그녀의 마지막 과제를 하느라 바쁘다.
His books **are worth reading** twice. 그의 책은 두 번 읽을 가치가 있다.
I **couldn't help laughing**. 나는 웃지 않을 수 없었다. (= 나는 웃을 수 밖에 없었다.)

PRACTICE

A. 다음 우리말과 뜻이 같도록, 괄호 안의 동사를 알맞게 변형하여 문장을 완성하세요.

1. She ______________________ her house for the party. (be busy, clean)
   그녀는 파티를 위해 집을 청소하느라 바쁘다.
2. This book ______________________ for everyone. (be worth, read)
   이 책은 모든 사람들이 읽을 가치가 있다.
3. I ______________________ at his mistake. (couldn't help, laugh)
   나는 그의 실수에 웃지 않을 수 없었다.
4. He ______________________ the problem by himself. (have difficulty, solve)
   그는 스스로 문제를 해결하는데 애를 먹었다.
5. I ______________________ a movie last night. (like, feel, watching)
   나는 지난밤 영화를 보고 싶었다.

B. 다음 문장에서 틀린 부분을 알맞게 고쳐 보세요.

1. I couldn't help take a picture of such a nice view.
2. I feel like eat something sweet.
3. He spent so much time to clean his house.
4. She couldn't help to eat those cookies.
5. They had difficulty get close to this cat.

UNIT 60

I'm looking forward to seeing you. 동명사의 관용 표현 II

60

I'm **looking forward to seeing** you.
나는 너를 만나기를 몹시 고대한다.

She **is used to taking** care of babies.
그녀는 아기를 돌보는 것에 익숙하다.

1 동명사의 관용표현

- **be used to –ing** ~하는 것에 익숙하다
- **in –ing** ~할 때
- **How(What) about –ing** 하는 것이 어때?
- **look forward to –ing** ~하기를 몹시 고대하다
- **upon –ing** ~하자마자
- **keep –ing** 계속 ~하다

Mike is **used to staying up** late at night. 마이크는 밤 늦게까지 깨어있는 것에 익숙하다.
I'm really **looking forward to working** with you. 나는 당신과 일하기를 몹시 고대합니다.
How about going to the dentist this Friday? 이번 주 금요일에 치과에 가보는 게 어때?
She **kept nagging** her husband. 그녀는 계속해서 그녀의 남편에게 잔소리했다.

PRACTICE

A. 다음 문장을 해석해 보세요.

1. He is used to working there with the new people.
   → ______________________________
2. You should think of your interests when choosing your major.
   → ______________________________
3. Upon seeing her mother, the child started crying again.
   → ______________________________
4. He's looking forward to meeting her parents.
   → ______________________________
5. How about taking a nap? → ______________________________

B. 다음 문장에서 틀린 부분을 알맞게 고쳐 보세요.

1. They are looking forward to work with you again.
2. What about have some coffee when you are sleepy?
3. The mold keeps come back even if I get rid of it.
4. While clean, you should open the windows.
5. I'm used to play with the little kids.

Writing

1 우리는 아이들과 즐거운 시간을 보내는 것을 즐긴다.

We ______ ______ a good ______ with our children.

2 나는 작년에 캐나다에서 당신을 만났던 것을 기억한다.

I ______ ______ you in Canada last year.

3 내년에 캐나다에서 당신을 다시 보기를 몹시 기대하고 있습니다.

I'm ______ ______ to ______ you again in Canada next year.

4 그는 사진을 찍는 것에 익숙하다.

He is ______ to ______ pictures.

5 그들은 아기를 돌보느라 애를 먹고 있다.

They are having ______ ______ ______ of the baby.

6 나는 그의 업무를 하는데 많은 시간을 소비했다.

I have spent so much ______ ______ his work.

Words

have a good time 즐거운 시간을 보내다
take care of ~을 돌보다
look forward to -ing ~을 몹시 고대하다

This is it!

동사에 -ing가 붙으면 현재 벌어지고 있는 행위가 좀 더 생생하게 전달됩니다. dance는 '춤을 추다'라는 동사이지만, dancing은 '지금 춤을 추고 있는 중'이라는 느낌이 강합니다. 즉, 동사에 –ing가 붙으면, 훨씬 구체적인 이미지를 보여주게 됩니다.

dancing과 to dance 중에 어떤 단어가 좀 더 생생함을 전달할까요?

dancing이 좀 더 생생한 느낌을 줍니다. 왜 그럴까요? dancing은 과거 지향적이고, to dance는 미래 지향적이기 때문입니다. 그래서 dancing은 '이미 한 일'을 나타내고, to dance는 '아직 하지 않은', '혹은 할 일'을 나타냅니다.

I stopped dancing at that time. 난 그 때 춤 추는 걸 그만뒀어. (이미 춤을 췄음)

I stopped to dance at that time. 난 그 때 춤 추려 했어. (아직 춤을 안 췄음)

I stopped studying English. 난 영어 공부 더 이상 안 해. (이미 영어공부 중)

I stopped to study English. 난 시간 내서 영어공부하기 시작했어. (아직 공부 안 함)

보통 'stop + to 부정사'를 해석할 때, 대부분 '~하기 위해 멈추다'라고 배웁니다. 그런데 그런 식으로 모든 문장을 해석하게 되면, I stopped to think about you.와 같은 문장을 해석할 때 굉장히 어색해집니다. 그래서 'stop + to 부정사' 형태를 해석할 때에는 '하던 일을 멈추고 ~하기 위해 일부러 시간을 내다'는 뜻으로 이해하면 더 좋겠습니다.

People don't stop to think about the consequences.

사람들은 하던 일을 멈추고 결과에 대해 생각해 볼 시간을 내려 하지 않아.
사람들은 일부러 시간 내서 결과에 대해 생각해 보는 법이 없지.

13 Part

She is beautiful.

형용사와 부사

대화에서 단어와 문장을 좀 더 풍요롭게 만들어 주는 역할을 하는 것이 바로 형용사와 부사입니다. '그는 선생님이다'와 '그는 정말 멋진 선생님이다'의 차이가 무엇일까요? 후자의 문장에는 형용사와 부사가 사용되어서 나의 생각이나 감정을 좀 더 자세히 설명할 수 있다는 점입니다. 다양한 형용사와 부사로 문장에 우리의 생각과 감정을 넣는 연습을 해보도록 합시다.

UNIT 61

She is beautiful.

형용사

61

She is **beautiful.** 그녀는 아름답다.

They are **smart** students. 그들은 똑똑한 학생들이다.

1 **형용사**의 형태: 일반적으로 -ic, -ous, -sh, -ible, -y, -able 등으로 끝나는 단어들이다. '명사 + ly' 형태도 형용사이다. (형용사 + ly = 부사)

- friendly 친절한, lovely 사랑스러운, costly 값비싼, likely 있을 법한

2 **형용사**의 쓰임: 명사를 수식하고 주어와 목적어의 보어 기능(보충 설명)을 한다.

- He is a **kind** teacher. 그는 친절한 선생님이다. (명사 수식)
- They are **smart**. 그들은 똑똑하다. (주격 보어)
- Keep the baby **warm**, please. 아기를 따뜻하게 해주세요. (목적격 보어)

3 -thing으로 끝나는 명사는 형용사가 뒤에서 수식한다.

- something **cold** 차가운 것, something **special** 특별한 것

4 **the + 형용사**: ~한 사람들 (= 형용사 + people)

- the blind 맹인들, the brave 용기있는 사람들

The rich(= Rich people) are not always happy. 부유한 사람들이 항상 행복한 것은 아니다.

PRACTICE

A. 괄호 안의 알맞은 것을 고르세요.

1. She is a (friend / friendly) girl.
2. You need to keep the children (safe / safety) on the street.
3. Those people are (happy / happiness) with their family.
4. David is (a nice / nice) to other people.
5. He is a (love / lovely) kid.

B. 우리말과 뜻이 같도록 문장을 완성하세요.

1. 우리는 가난한 사람들을 도와야 한다. We need to help ______________________.
2. 우리는 버스에서 노인들에게 자리를 양보해야 한다. We need to offer our seat to ______ on the bus.
3. 나는 차가운 마실 것을 좋아한다. I like ______________________ to drink.
4. 이 계획에 대해 특별한 점이 없어. There is ______________________ about this plan.
5. 요즘 젊은 사람들은 여행을 좋아한다 These days, ______________________ like traveling.

UNIT 62

There are many people on the street. 수량 형용사

62

There are **many** people on the street.
길거리에는 많은 사람들이 있다.

I have **little** information on this project.
이 프로젝트에 대한 정보가 거의 없다.

1 수량 형용사

명사	많은	조금 있는	거의 없는
셀 수 있는 명사	**many**	**a few**	**few**
셀 수 없는 명사	**much**	**a little**	**little**
셀 수 있는/없는 명사	**a lot of** **lots of**		

- We saw **many** people at the park. 우리는 공원에서 많은 사람들을 보았다.
- There are **a few** people in that theater. 그 극장에는 사람들이 조금 있다.
- I got **little** advice from her. 나는 그녀로부터 조언을 거의 얻지 못했다.

2 **some**(긍정문, 권유문), **any**(부정문, 의문문): 약간의

- I need **some** information on our presentation. 나는 프레젠테이션에 대한 약간의 정보가 필요하다.
- Do you have **any** ideas about what we need to do for this project?
이 프로젝트를 위해 우리가 무엇을 해야 하는지 아니?

PRACTICE

A. 괄호 안에서 알맞은 것을 모두 고르세요.

1. There is (a lot of / lots of / many / much) water in the glass.
2. We have so (a lot of / lots of / many / much) things to do now.
3. He has (a few / a little / few / little) friends.
4. There is (a few / a little / few / little) hope.
5. There are (a lot of / lots of / many / much) books on the desk.

B. some이나 any를 사용하여 문장을 완성해 보세요.

1. There are ____________ problems with the computer.
2. Do you have ____________ brothers or sisters?
3. Would you like ____________ cake?
4. I don't have ____________ information about this plan.
5. Do you have ____________ questions?

UNIT 63

He can dance nicely. 부사

63

He can dance **nicely.** 그는 멋지게 춤을 출 수 있다.

The chef cooks **professionally.**
그 요리사는 전문가답게 요리한다.

1 **부사**의 형태: 형용사 + ly

kindly 친절하게, easily 쉽게, fully 충분히, heavily 무겁게

2 **부사**의 쓰임: 동사, 형용사, 부사를 수식한다.

- They have lived in the countryside **happily.** 그들은 시골에서 행복하게 살아 왔다.
- We found the house **easily.** 우리는 그 집을 쉽게 발견했다.

3 **빈도부사**: 동사의 빈도수를 나타내는 부사이다. be동사, 조동사 뒤, 일반동사 앞에 위치한다.

always 항상 – **usually** 보통 – **often** 자주 – **sometimes** 때때로 – **never** 결코 ~않는

- I will **always** try to make my students happy. 나는 학생들을 행복하게 하려고 항상 노력할 것이다.
- He **usually** complains about his coworkers. 그는 보통 그의 동료들에 대해 불평한다.

PRACTICE

A. 다음 문장에서 틀린 부분을 알맞게 고쳐 보세요.

1. He acts brave as if he were a warrior.
2. She is so kindly that her friends are on her side all the time.
3. My little brother is doing his job at school good.
4. Please, drive safe in the kid-zone.
5. They lived happy ever after.

B. 다음 괄호 안의 빈도부사를 넣어서 문장을 다시 써 보세요.

1. He eats breakfast before going to work. (usually)
   → ____________________.
2. John is made fun of by his classmates. (always)
   → ____________________.
3. They go fishing on Sunday. (sometimes)
   → ____________________.
4. Robert does the house chores. (never)
   → ____________________.

UNIT 64

I can walk fast. 주의해야 할 형용사와 부사

64

I can walk **fast.** 나는 빠르게 걸을 수 있다.

We can't catch up with the **fast** bus.
우리는 그 빠른 버스를 따라잡을 수 없다.

1 의미는 다르지만 형태가 같은 **형용사**와 **부사**

	형용사	부사	주의해야 할 부사!
fast	빠른	빠르게	
early	이른	일찍	
late	늦은	늦게	**lately** 최근에
hard	어려운, 단단한	열심히	**hardly** 거의 ~않은
high	높은	높게	**highly** 매우
near	가까운	가까이에	**nearly** 거의

- Joe is a **fast** walker. 조는 빨리 걷는 사람이다.
- We had an **early** breakfast for the first day at work. 직장에서의 첫날을 위해 우리는 이른 아침을 먹었다.
- Helen woke up so **early** today. 헬렌은 오늘 매우 일찍 일어났다.
- He was driving too **fast** to see the person. 그는 너무 빠르게 운전해서 그 사람을 보지 못했다.

PRACTICE

A. 밑줄 친 부분의 뜻을 우리말로 쓰세요.

1. Anna is working <u>hard</u>. → ________________
2. The cover of this book is very <u>hard</u>. → ________________
3. He left for the airport <u>early</u>. → ________________
4. The <u>early</u> bird catches the worm. → ________________
5. He woke up so <u>late</u> this morning. → ________________

B. 괄호 안에서 알맞은 것을 고르세요.

1. The price of the apartments is (high / highly) increasing these days.
2. We (hard / hardly) work on Sundays.
3. The post office is (near / nearly) the bakery.
4. We haven't seen Tom (lately / late).
5. He ran as (fast / fastly) as he could.

UNIT 65

Can you turn on the air conditioner? 타동사 + 부사

65

Can you **turn on** the air conditioner?
에어컨을 켜주시겠어요?

Please, **take out** this garbage.
쓰레기를 밖에 내놓아 주세요.

1 목적어가 필요한 동사(타동사)가 부사와 결합할 때는 어순 **'타동사 + 부사 + 목적어'**를 주의해야 한다. 목적어가 명사일 경우, '타동사 + 부사 + 목적어' 혹은 '타동사 + 목적어 + 부사'로 쓸 수 있다. 목적어가 대명사일 경우, '타동사 + 목적어(대명사) + 부사'의 순서로만 쓰인다.

2 **구동사**의 종류

- **bring back** 돌려주다
- **bring up** 키우다
- **call off** 취소하다
- **figure out** 해결하다, 이해하다
- **look up** (책 등에서) 찾아보다
- **pick up** 줍다, ~을 태우러 가다
- **put off** 연기하다, 미루다
- **put on** 착용하다
- **take off** 벗다
- **throw away** 버리다
- **try on** 입어보다
- **turn down** 거절하다
- **turn off** 끄다
- **turn on** 켜다
- **wake up** 깨다, 깨우다

As I am really sick, I need to **call off** the meeting. 나는 몸이 좋지 않아서 모임을 취소해야 한다.
We need to **figure** it **out** before he notices that situation.
그가 그러한 상황을 알아채기 전에 우리가 해결해야 한다.
What a lovely dress! Why don't you **try** it **on**? 너무 사랑스러운 드레스구나! 네가 입어보는 게 어떠니?
Could you **turn** the TV **off**? 텔레비전을 꺼주시겠어요?

PRACTICE

A. 괄호 안의 단어를 알맞게 배열해 보세요.

1. They ______________________. (put, meeting, the, off)
2. He ______________ by himself for 10 years. (brought, his, up, children)
3. You need to ______________________. It's cold. (put, your, on, jacket)
4. They had to hurry up to ______________ on the cottage. (out, the, put, fire)
5. Don't ______________________. (down, yourself, get)

B. 다음 문장에서 틀린 부분을 찾아 알맞게 고쳐 보세요. (틀린 곳이 없는 경우도 있음)

1. Could you turn off it? I feel really cold now.
2. You need to write down them if you don't want to miss anything she taught us.
3. Will you wake up me at 6 a.m.? I have an early meeting tomorrow.
4. Don't throw away it. It is important to me.

Writing

1 나는 최근에 그녀를 만난 적이 없다.

I haven't ______ her ______.

2 그녀는 학교에서 가장 영리한 소녀이다.

She is ______ ______ ______ girl at her school.

3 나를 그렇게 일찍 깨우지 마세요.

Don't ______ me up so ______.

4 나는 에세이를 끝내기 위해 지난 밤 늦게까지 깨어 있었어요.

I ______ up ______ ______ night to finish my essay.

5 탐은 파티에 가는 길에 나를 태워줄 것이다.

Tom will ______ me up on his ______ to the party.

6 코트를 벗는 것이 좋겠어. 너는 땀을 너무 많이 흘리고 있어.

You had ______ ______ off your coat. You're ______ a lot.

Words

intelligent 영리한
on one's way ~으로 가는 길에
sweat 땀을 흘리다
stay up late 밤 늦게까지 자지 않다
had better ~하는 것이 낫다

This is it!

영어를 공부하다 보면 하나의 단어가 조금씩 변형되어 다른 뜻으로 쓰이는 경우들을 자주 보게 되는데, 특히 자주 쓰는 단어들이 의외의 뜻으로 사용되는 경우가 많습니다. late라는 단어는 영어를 별로 접해보지 않은 사람들조차도 어느 정도 익숙한 단어인데 어떤 맥락에서 어떻게 의미가 달라지는지 살펴봅시다.

(A) They arrived here an hour late. 그들은 한 시간 늦게 여기에 도착했다.
(B) I haven't heard from her lately. 나는 최근에 그녀로부터 소식을 듣지 못했다.
(C) I was late for class because of you. 나는 너 때문에 수업시간에 늦었다.
(D) Her late husband was one of my friends. 고인이 된 그녀의 남편은 내 친구 중에 하나였다.

(C)에서 late은 '늦은'이라는 형용사로 쓰이는데 반하여, (A)에서 late은 '늦게'의 뜻으로 부사처럼 쓰이고 있습니다. 같은 단어지만 다른 문장 성분으로 쓰일 수 있다는 점에 주목해야 합니다.

또한 late에 -ly가 붙어도 여전히 부사의 역할을 하게 되는데, 이런 경우에는 '최근에'라는 뜻으로 쓰입니다. 'late = 늦게', 'lately = 최근에'. 여전히 같은 부사의 역할을 할 수 있으나 뜻이 달라짐을 알 수 있습니다. 그래서 (B)를 제대로 해석하면, '나는 그녀로부터 늦게 소식을 듣지 못했다'가 아니라, '나는 그녀로부터 최근에 소식을 듣지 못했다'가 됩니다. 참고로 lately는 동사의 완료시제 'have + p.p.'와 함께 자주 쓰입니다.

다음, (D)의 late은 husband(남편)라는 명사를 꾸며주는데, 이 때 '그녀의 늦은 남편'이라고 하면 약간 어색해집니다. '늦은'을 다르게 생각해보면 '이미 지나버린'이란 뜻이 됩니다. 그래서 '이미 가버린 사람', 즉 '고인이 된'으로 해석하는 게 좋습니다. 다른 예로, '지불이 연체되는 경우에는 이자가 부과된다'라는 문장은 다음과 같습니다.

Interest will be charged 이자가 부과될 것이다 / for late payment 연체된 지불. late payment에서 late은 '정해진 기간이 지난', '이미 늦어버린'의 뜻이 됩니다. 이 단어를 사람에게 적용해보면, '이미 늦은 사람', 즉 '죽은 사람'입니다. 그래서 '고인이 된 잭슨'은 'the late Jackson'으로 쓰면 됩니다. The dead는 '죽은 사람들'이란 뜻으로 왠지 시체의 느낌이 나므로, 죽은 사람들을 부를 때에 쓰지 않도록 유의하시기 바랍니다.

'The late' movie star Matilda would have turned 48 this year if she had lived.
이미 고인이 된 마틸다가 살아 있었더라면, 올해 48세가 되었을 겁니다.

14 Part

The little baby sleeping on the sofa is my sister.

분사

우리가 알고 있는 접속사 when, if, after 등을 사용하여 긴 문장을 만들고 싶지만, 때로는 머릿 속에서 문장을 만들어 입으로 말하기 전에 한숨부터 나올 때가 있어요. 그럼 이러한 긴 문장을 간단하게 말할 수 있는 방법이 있을까요? 바로 '분사'라는 아이가 좀 더 쉽게 만들어 줄 수 있어요. 그럼 형용사로 쓰이는 분사를 배워보고, 이를 이용하여 문장도 간략하게 만들어 봅시다!

UNIT 66

The little baby sleeping on the sofa is my sister. 현재분사

66

The little baby **sleeping** on the sofa is my sister. 소파에서 자고 있는 작은 아기는 나의 여동생이다.

I am **taking** care of my little sister.
나는 나의 여동생을 돌보는 중이다.

1 현재분사: 동사원형+ing

2 현재분사의 쓰임과 의미

- **명사 수식**: **'~하는(능동)'**으로 해석한다(형용사 기능).

The kid **playing** soccer is one of my friends. 축구를 하는 아이는 내 친구 중 한 명이다.
I looked at the **shining** stars at night. 나는 밤에 빛나는 별들을 보았다.

- **진행형**: **'be동사 + 현재분사'**의 형태로, **'~하는 중'**이라고 해석한다(동사 기능).

They are **having** lunch now. 그들은 지금 점심을 먹는 중이다.
Brandon is **having** a good time with his family in Canada.
브랜든은 캐나다에서 그의 가족과 즐거운 시간을 보내는 중이다.

PRACTICE

A. 괄호 안의 동사를 알맞게 변형하여 문장을 완성하세요.

1. Marc ________________ a walk with his dogs. (take)
2. He ________________ coffee with his coworkers. (have)
3. Someone ________________ me early in the morning. (call)
4. My brother and I ________________ tennis when Jane called me. (play)
5. The girl ________________ next to you is my sister. (sit)

B. 우리말과 뜻이 같도록 단어를 알맞게 배열해 보세요.

1. ________________________________ was nice enough to help old people. (working, the staff, there) 그곳에서 일하는 직원은 노인들을 도와줄 정도로 아주 친절했다.
2. ________________________________ woke me up this morning. (birds, singing)
오늘 아침 노래하는 새들이 나의 잠을 깨웠다.
3. My friend is ________________________________ (talking, the, on, phone)
내 친구는 지금 통화중이다.

UNIT 67

The fallen leaves are everywhere. 과거분사

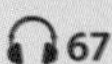
67

The **fallen** leaves are everywhere.
낙엽이 여기저기 있다.

This computer was **broken** by my son.
이 컴퓨터는 나의 아들 때문에 고장이 났다.

1 **과거분사**: '동사원형-ed' 형태이지만, 일부 불규칙으로 형태가 완전히 변하는 동사들을 주의한다.

원형	과거	과거분사	원형	과거	과거분사
eat	ate	eaten	be	was/were	been
break	broke	broken	fall	fel	fallen
write	wrote	written	lead	led	led

2 **과거분사**의 쓰임과 의미

- **명사 수식**: **'~한(수동)'**으로 해석한다.
  This **broken** computer is mine. 이 고장 난 컴퓨터는 나의 것이다.
- **수동태**: 형태는 **'be동사 + 과거분사'**, **'~을 당하다'**로 해석한다.
  These apples were **eaten** by my cat. 이 사과들은 나의 고양이에 의해서 먹혔다.
- **완료구문**: **have + 과거분사**
  I have **worked** at this company since I was 27. 나는 27살 이후로 지금까지 이 회사에서 일해왔다.

PRACTICE

A. 괄호 안에서 알맞은 것을 고르세요.

1. This meeting was (canceled / cancelling) because the manager was not here today.
2. This machine needed to be (fixing / fixed).
3. He had a (breaking / broken) arm because of the car accident.
4. The company is (running / run) by my father.
5. I had my hair (cutting / cut).

B. 괄호 안의 동사를 알맞게 변형하여 문장을 완성하세요.

1. I have ________________ in Busan for 3 years. (live)
2. Sam was ________________ as a manager at his university. (hire)
3. Christine is cleaning the ________________ glass. (break)
4. The person who was ________________ brought his dog to the formal party. (invite)
5. This book was ________________ by my brother. (tear)

UNIT 68 I saw my car towed. 5형식의 분사

68

I saw my car **towed.** 나는 내 차가 견인되는 것을 보았다.

I saw her **having** dinner with her boyfriend.
나는 그녀가 남자친구와 저녁식사를 하는 것을 보았다.

1 **5형식의 분사**: **'주어 + 지각동사 + 목적어 + 분사'** 형식으로 목적어의 상태를 **분사**의 형태로 표현한다. 목적어와 분사의 관계가 능동이면 **현재분사**, 수동이면 **과거분사**를 사용한다.

- **현재분사**: She was watching the children **playing** soccer. 그녀는 아이들이 축구를 하는 것을 보았다.
  아이들이 play의 주체이자 주어이므로 현재분사를 사용한다.
- **과거분사** : She was looking at the picture **hung** on the wall. 그녀는 벽에 걸려있는 그림을 보았다.
  그림은 hung의 대상이자 목적어이므로 과거분사를 사용한다.

2 주어 + have(got) + 목적어 + 과거분사: '(수어)는 (목적어)가 (과거분사)되도록 시키다, 허락하다'로 해석한다.

- I had to have my computer **fixed.** 나는 내 컴퓨터를 고쳐야 했다.
- He got his hair **cut.** 그는 이발을 했다.

PRACTICE

A. 우리말과 뜻이 같도록 괄호 안의 단어를 알맞게 배열해 보세요.

1. I was listening to ________________________________. (singing, Chloe, a song)
   나는 클로이가 노래하는 것을 듣고 있었다.
2. James saw ________________________________. (watering, his wife, the flowers)
   제임스는 그의 아내가 꽃에 물을 주고 있는 것을 보았다.
3. He felt ________________________________. (moving, something, on, back, his)
   그는 그의 등에서 무언가가 움직이는 것을 느꼈다.
4. She was watching ________________________________. (children, playing, the, soccer)
   그녀는 아이들이 축구하는 것을 보고 있었다.

B. 괄호 안에서 알맞은 것을 고르세요.

1. I had a dinner (cooking / cooked) by my sister.
2. They got the work (doing / done).
3. Amanda had the barbeque (preparing / prepared) for the party.
4. I heard someone (knocking / knocked) at the door.
5. She saw a boy (shouting / shouted) on the street.

UNIT 69

Reading the newspaper, she found an interesting article. 분사구문

69

Reading the newspaper, she found an interesting article. 그녀는 신문을 읽다가 흥미로운 기사를 발견했다.

Cleaning the room, he found extra money.
그는 방을 청소할 때, 여분의 돈을 발견했다.

1 **분사구문**: 부사절의 동사를 분사로 바꿔 문장을 간결하게 한다.

- He stopped exercising after **breaking** up with his girlfriend.
  그는 여자친구와 헤어진 후 운동을 그만두었다.

2 **분사구문** 만드는 방법

① 부사절의 접속사와 주어(when, he)를 없앤다. (주절과 주어가 일치할 경우에만 없앤다. 일치하지 않을 경우 그대로 둔다.)

② 부사절의 동사(met)를 현재분사(meeting)로 바꾸어 준다. 부정문일 경우 분사 앞에 not을 넣어준다. 동사구일 경우, 가장 앞에 있는 동사를 현재분사로 바꾼다. (Being과 Having been은 생략 가능)

③ 나머지 부분은 그대로 이어서 쓴다.

- When he met her for the first time, he gave her some flowers.
  → ~~When he~~ met her for the first time, he gave her some flowers.
  → met her for the first time, he gave her some flowers.
  → Meeting her for the first time, he gave her some flowers.

PRACTICE

A. 다음 문장을 분사구문으로 만들어 보세요.

1. Because he was sick, Daniel couldn't go to work.
   → ______________________, Daniel couldn't go to work.
2. Though she was not wealthy, Mary was satisfied with her life.
   → ______________________, Mary was satisfied with her life.
3. If you turn to the right, you can find the book store.
   → ______________________, you can find the bookstore.

B. 다음 문장에서 틀린 부분을 알맞게 고쳐 보세요.

1. I was cleaning the room, sing a song.
2. Not know what to do, he called his parents.
3. Open the box, she found a cat.
4. Tell a lie to her, he was sweating a lot.
5. Have a lot of coffee, he worked late at night.

UNIT 70 Generally speaking, children like having pets. 독립분사구문 및 A가 B한 채로

70

Generally speaking, children like having pets. 일반적으로 아이들은 애완동물을 키우길 좋아한다.

I was dancing **with my favorite music on**. 나는 내가 좋아하는 음악을 틀어놓고 춤을 추었다.

1 독립분사구문

- **Generally speaking** 일반적으로 말해서
- **Speaking of** ~에 대해 말하자면, ~의 이야기라면
- **Compared with** ~와 비교해보면
- **Frankly speaking** 솔직히 말해서
- **Judging from** ~로 판단하건대

Generally speaking, teenagers don't like to be judged by their grades.
일반적으로 십대들은 그들의 성적에 의해 평가되는 것을 좋아하지 않는다.

Judging from the results, he is not the right person as the manager.
결과로 판단하건대, 그는 관리자로써 적합하지 않다.

2 with + A(명사) + B(형용사, 분사, 부사): A가 B한 채로

- Don't talk to me **with your mouth full**. 입안이 가득한 채로 나에게 말하지 마.
- I was looking at the baby **with my eyes sparkling**. 나는 눈을 반짝이며 그 아기를 바라보았다.
- He left his room **with the light on**. 그는 불을 켜둔 채 방을 나섰다.

PRACTICE

A. 우리말과 뜻이 같도록 빈칸을 채워보세요.

1. 솔직히 말해서, 나는 그의 의견에 동의할 수가 없다. ______________, I can't agree with his opinion.
2. 제인의 요리와 비교했을 때, 그의 요리가 훨씬 더 맛있다. ______________________ Jane's dish, his is much more delicious.
3. 일반적으로 말해서, 아이들은 노는 것을 더 좋아한다. ______________, children prefer playing.
4. 그 소문으로 판단하건대, 그는 나쁜 사람임에 틀림없어. ______________________ the rumor, he must be a bad guy.

B. 다음 문장에서 틀린 부분을 알맞게 고쳐 보세요.

1. He was watching her presentation with his legs crossing.
2. I wrote down what he said with my lips closing tightly.
3. She left the office with open the door.
4. They fell asleep with on the light.

Writing

1 제시를 기다리며, 그들은 커피를 마시고 있었다.

______ for Jessie, they were ______ some ______.

2 나는 오웬이 혼자서 놀이터에서 배회하는 것을 보았다.

I saw Owen ______ around the playground by ______.

3 그는 선풍기를 켜둔 채 친구를 만나기 위해 집을 나섰다.

He went out to ______ his friends with the fan ______.

4 솔직히 말해서, 모두들 그녀의 행동을 좋아하지 않는다.

______ ______, everyone doesn't like her ______.

5 나는 지난주에 머리를 염색했다.

I had my ______ ______ ______ week.

6 나는 길거리에 불법으로 주차하는 사람들이 싫다.

I ______ people ______ illegally on the ______.

Words

roam around 배회하다, 돌아다니다
dye 염색하다
behavior 행동
illegally 불법적으로

This is it!

영어를 오랫동안 공부했음에도 불구하고, 대부분의 한국 사람들은 정확한 문장을 만드는데 굉장히 서투릅니다. 이러한 문제는 한국어와 영어의 구조가 가진 근본적인 차이에서 생기는데, 영어는 특유의 수식어구들이 명사 뒤에 위치한다는 점이 한국어와 다릅니다.

Look at the woman. 저 여자를 보라.

Look at the woman reading a book. '책을 읽고 있는' 저 여자를 보라.

위의 문장에서 woman이란 단어가 뒤에서 reading a book이란 표현에 의해 의미가 구체화 되고 있습니다. the woman보다 the woman reading a book은 훨씬 구체화된 표현입니다. 이처럼 동사에 -ing가 붙어있는 형태를 영어에서는 현재분사라고 부르는데, 명사에 달라붙어서 의미를 구체화하는 역할을 합니다.

I'm looking for a person. 난 사람을 찾고 있어.

I'm looking for a person hoping to change the world. '세상을 바꾸길 희망하는 사람을' 난 찾고 있어.

여기서 주의할 점은 수식을 받는 명사(person)가 능동적인 행동(hoping)을 할 때, '동사+ing'의 형태를 쓸 수 있다는 것입니다. person은 hope의 행위 주체이자, 주어이기 때문입니다.

I talked with most of the people. 나는 대부분의 사람들과 이야기를 나누었다.

I talked with most of the people invited to the party. '파티에 초대된 대부분의 사람들'과 나는 대화를 나누었다.

위 문장에서는 inviting이 아니라 invited가 people을 꾸며주며 의미를 구체화하고 있습니다. 이 문장에서 people은 초대하다(invite)라는 동사의 주어가 아니라, 초대된(invited) 대상인 목적어이기 때문입니다. 이처럼 꾸밈을 받는 명사가 수식을 받는 동사의 목적어인 경우에는 과거분사(p.p)를 써야 합니다.

15
Part

I'll meet Tom who works at the café.

관계 대명사

흔히 회화가 조금 익숙해지면서 나타나는 궁금증은 '조금 더 문장을 깔끔하게 말할 수 없을까?' 입니다. 반복되는 접속사의 사용으로 다소 대화 문장이 뚝뚝 끊어지는 느낌을 없애고 싶다면, 이 관계 대명사 단원이 바로 하나의 해결책일 수 있습니다. 기본 관계 대명사들을 암기해서 조금 더 간결하고 풍요로운 문장을 만들어 보세요!

UNIT 71 I'll meet Tom who works at the café. 주격 관계 대명사

71

I'll meet Tom **who** works at the café.
나는 카페에서 일하는 탐을 만날 것이다.

I visited Jeju island **which** had many interesting places. 나는 흥미로운 장소가 많은 제주도를 방문했다.

1 관계 대명사

관계 대명사는 두 문장을 한 문장으로 연결해주는 기능을 하고, 관계 대명사절은 명사를 수식하는 형용사 덩어리이다. 관계 대명사절의 꾸밈을 당하는 명사를 **선행사**라고 한다.

2 **주격 관계 대명사**를 사용하여 문장 합쳐보기

- I will meet Tom. 나는 탐을 만날 것이다. He works at the café. 그는 카페에서 일한다.

Tom과 He가 동일한 인물이다. 주어 He를 대신하여 주격 관계대명사 who를 사용하고 이하(works at the café)는 이어서 써준다.

→ 관계 대명사

→ I will meet Tom **who** works at the café. 나는 카페에서 일하는 탐을 만날 것이다.

선행사 관계 대명사절

3 선행사에 따라 **주격 관계 대명사**가 바뀐다.

- 선행사가 사람일 때: who (= that)
- 선행사가 사람이 아닐 때: which (= that)

PRACTICE

A. 다음 괄호 안에 알맞은 관계 대명사를 넣어 주세요.

1. I met a girl ______________ was one of the most popular girls in our school.
2. Mason is an adorable baby ______________ has awesome parents.
3. We would go to the building ______________ had five stories and a large lobby.
4. This is the book ______________ was written 10 years ago.

B. 다음 문장에서 틀린 부분을 알맞게 고쳐 보세요.

1. I like Tom who are good at playing soccer.
2. She loves the picture which were painted by her friend.
3. He saw a cat who was wandering around the street.
4. They bought this house which is built 5 years ago.
5. We saw a guy which was walking on the fence.

UNIT 72

I met Jack whose father was a teacher. 소유격 관계 대명사

72

I met Jack **whose** father was a teacher.
나는 아빠가 선생님이었던 잭을 만났다.

He was looking for a house **whose** roof was red. 그는 지붕이 빨간 집을 찾고 있었다.

1 **소유격 관계 대명사**를 사용하여 문장 합쳐보기

• He was looking for a house. 그는 집을 찾고 있었다. Its roof was red. 그 지붕은 빨간색이었다.

a house와 its가 동일한 대상이다. 소유격 its를 대신하여 소유격 관계대명사 whose를 사용하고 이하 (roof was red)는 이어서 써준다.

→ He was looking for a house **whose** roof was red. 그는 지붕이 빨간 집을 찾고 있었다.
(a house: 선행사 / whose: 관계 대명사 / whose roof was red: 관계 대명사절)

2 선행사에 따라 **소유격 관계 대명사**가 바뀐다.

• 선행사가 사람일 때: whose
• 선행사가 사람이 아닐 때: whose/of which

PRACTICE

A. 밑줄에 알맞은 관계 대명사를 넣으세요.

1. They met a guy ________ name is Dennis.
2. Tom and Jane like this book ________ cover is full of interesting characters.
3. He has a son ________ behavior is very polite to everyone.
4. Jane likes the café on the corner ________ owner always smiles at his customers.
5. I know Tom ________ sister is pretty.

B. 다음 문장에서 틀린 부분을 알맞게 고쳐 보세요.

1. I recommended Tom as a manager that role is to take care of the whole department.
2. I really like Ted who hobby is the same as mine.
3. I can't agree with Jay who opinion is always different from ours.
4. She has a friend that voice is amazing.
5. I know this woman which parents work at the bank.

UNIT 73

He will meet Jane whom everyone likes. 목적격 관계 대명사

73

He will meet Jane **whom** everyone likes.
그는 모든 사람들이 좋아하는 제인을 만날 것이다.

I visited Seoul **which** John had lived in for a while. 나는 존이 잠시 살았던 서울을 방문했다.

1 **목적격 관계 대명사**를 사용하여 문장 합쳐보기

• He will meet Jane. 그는 제인을 만날 것이다. Everyone likes her. 모든 사람들이 그녀를 좋아한다.

Jane과 her이 동일한 대상이다. 목적어 her를 대신하여 목적격 관계대명사 whom을 사용하고 이하 (Everyone likes)는 이어서 써준다.

→ 관계 대명사

→ He will meet Jane **whom** everyone likes. 그는 모든 사람들이 좋아하는 제인을 만날 것이다.

선행사 관계 대명사절

2 선행사에 따라 **목적격 관계 대명사**가 바뀐다.

• 선행사가 사람일 때: who/whom (= that) • 선행사가 사람이 아닐 때: which (= that)

PRACTICE

A. 다음 문장에서 틀린 부분을 알맞게 고쳐 보세요.

1. She is the director whose people always want to work for.
2. He got a job whom everyone wanted to get.
3. The guy which I met 2 years ago is now a doctor in our town.
4. The singer whose we didn't like is now so famous.
5. I met the guy which Jane loved.

B. 빈칸에 알맞은 관계 대명사를 쓰세요.

1. I really enjoyed those cookies ________________ you gave me.
2. Here is the red box ________________ you are looking for.
3. I enjoyed the party with people ________________ you invited.
4. He liked this building ________________ his father built.
5. She knows the song ________________ I composed.

UNIT 74 I saw the guy and his dog that were jogging. 관계 대명사 that

74

I saw the guy and his dog **that** were jogging.
나는 조깅하고 있는 남자와 그의 개를 보았다.

She is the first woman **that** I loved in my life.
그녀는 내 인생에서 사랑했던 첫번째 여자이다.

1 **관계대명사 that**을 주로 사용해야 하는 경우

- **선행사**가 사람 + 사물 / 사람 + 동물 / 서수 / 최상급 / -thing / the same / the only / the very / every / all일 경우, 주로 **관계 대명사 that**을 쓴다.

→ I saw the guy and his dog **that** were jogging. 나는 조깅하고 있는 그 남자와 그의 강아지를 보았다.
(the guy and his dog: 선행사 / that: 관계 대명사 / that were jogging: 관계 대명사절)

→ She is the first woman **that** I loved in my life. 그녀는 내 인생에서 사랑한 첫번째 여자이다.
(the first woman: 선행사 / that: 관계 대명사 / that I loved in my life: 관계 대명사절)

2 주격 관계 대명사(who/which)와 목적격 관계 대명사(whom/which)는 **관계 대명사 that**으로 바꿔 쓸 수 있다. 단, 관계 대명사 앞에 전치사가 있는 경우에는 that으로 바꿔 쓸 수 없다.

- I will go to New Zealand **which** my friend has lived in for 3 years.
  = I will go to New Zealand **that** my friend has lived in for 3 years. (O)
  = I will go to New Zealand **in which(where)** my friend has lived for 3 years. (O)
  = I will go to New Zealand **in that** my friend has lived in for 3 years. (X)
  나는 내 친구가 3년째 살고 있는 뉴질랜드에 갈 것이다.

PRACTICE

A. 괄호 안에서 알맞은 것을 고르세요. (중복 가능)

1. She is the most beautiful woman (who / whom / that / whose) works at our bank.
2. I have the same shirt (which / that / whose) you do.
3. I saw the guy and his cats (who / whom / that / whose) were at the café.
4. He was the first person (who / whom / that / whose) came to the meeting.

B. 다음 문장에서 틀린 부분을 알맞게 고쳐 보세요.

1. The building whose was built 3 years ago is now destroying our environment.
2. We were looking for a guy whom was carrying a big baggage.
3. Sam is doing his homework who was supposed to be finished 2 days ago.
4. I'll visit Seoul in that my parents have lived for 5 years.

UNIT 75

I don't understand what you are saying. 관계 대명사 what과 생략

I don't understand **what** you are saying.
나는 네가 말하고 있는 것을 이해하지 못하겠다.

I really liked the present **(which)** my dad got me. 나는 아빠가 사주셨던 선물을 정말 좋아했다.

1 **관계 대명사 what**: 선행사를 포함한 관계 대명사로 the thing(s) which(that)의 의미이다. **what 뒤에 불완전한 문장**이 와서 하나의 명사구처럼 쓰이고, **'~하는 것'**으로 해석한다.

- I don't understand **what** you are saying. 네가 말하고 있는 것을 나는 이해할 수 없다.
  네가 말하고 있는
- Tell me **what** you need in your department. 너희 부서에서 네가 필요한 것을 나에게 이야기해 봐.
  네가 필요한

2 **관계 대명사의 생략**: 주격 관계대명사 + be동사와 목적격 관계대명사는 생략이 가능하다. 단, 관계 대명사 앞에 전치사가 있는 경우, 생략할 수 없다.

- I saw my dog **(which was)** running all over the place. 나는 여기저기를 우리 강아지를 보았다.
- He is the man **(whom)** I can trust. 그는 내가 신뢰할 수 있는 사람이다.

PRACTICE

A. 다음 문장에서 생략 가능한 부분에 밑줄을 치세요.

1. I like this book which is written in English.
2. He took the stone that a little boy was throwing in the river.
3. She showed me the picture which was drawn by her son.
4. I don't like Brian who is showing off his grades all the time.
5. I saw Tom and his cat that were taking a nap.

B. 우리말과 뜻이 같도록 문장을 완성해 보세요

1. 그는 이미 내가 주문했던 것을 잊었다. He already forgot ______________ I ordered.
2. 우리가 지금 원하는 것은 쉬는 것이다. ______________ we want to do now is just taking a rest.
3. 내가 지금 필요한 것은 더 많은 시간이다. ______________ I need now is more time.
4. 그녀는 내가 말한 것을 잊었다. She forgot ______________ I told her.
5. 나는 네가 말하는 것을 이해한다. I understand ______________ you are saying.

Writing

1 런던에서 만났던 그 여자는 가장 아름다웠다.

The woman ______ I ______ in London was the most ______.

2 티나는 맛있는 빵을 파는 빵집에 갔다.

Tina went to the ______ ______ ______ the delicious bread.

3 너는 내가 직업으로 무엇을 하기를 원하는지 몰라.

You don't know ______ ______ ______ to do for a job.

4 우리는 프랑스어로 쓰여진 책으로 북클럽을 운영한다.

We run a book club with books ______ ______ ______ in French.

5 나는 새로운 사람을 만날 수 있는 이 브런치 모임을 좋아한다.

I like this brunch meeting ______ I can ______ new ______ at.

6 조는 영어, 프랑스어 그리고 한국어를 할 줄 아는 사람이다.

Joe is the one ______ can ______ English, ______ and Korean.

Words

bakery 빵집
French 프랑스어
be written in ~로 쓰여지다

This is it!

문법을 공부할 때는 '과연 문법을 왜 공부해야 할까?'를 고민해야 합니다. 문제를 풀기 위한 문법은 잘 잊혀지긴 하지만, 문법은 문장을 만드는데 필요하기 때문입니다. 그런데 어떤 문장을 만들때 '왜 이런 문법적인 장치가 필요할까'를 고민하며 공부하면, 훨씬 간결하게 정확한 내용을 전달 할 수 있게 됩니다.

예를 들어,
This is the café. And we met here for the first time.
이곳은 카페이다. 그리고 우리가 이곳에서 처음 만났다.

영어를 처음 공부하면 위와 같이 문장을 만들게 됩니다. 사실 좀 더 간단하게 만들 수 있는 문법적인 장치는 관계 대명사, 관계 부사입니다.

위 문장에서 the café는 here(여기)이란 부사와 같은 장소를 지칭합니다. 같은 장소를 의미하는 단어가 두 번이나 쓰였기 때문에, 문장을 좀 더 간결하게 만들 수가 있습니다. 위와 같은 경우 here이란 장소부사를 대신하여 where이란 장소 부사를 쓰면 좀 더 간단하게 문장을 만들 수 있습니다. 두 문장을 이어주는 접속사 and를 삭제하고, here이란 단어를 where로 바꾸어 And가 있던 위치로 이동시켜 주면 됩니다.

This is the café where we met for the first time.

우리는 지금 문장을 간결하게 만드는 방법을 배웠지만, 사실 달리 생각해보면 the café에 대한 부가적인 정보들이 바로 뒤에서 나열됨을 알 수 있습니다. 즉, 위 문장의 where이하는 the café를 좀 더 구체화시켜주고 있습니다. 세상에 많은 café가 있지만, 이 café는 특별한 의미가 있는데 그 이유는 우리가 처음 만난 곳이기 때문입니다.

관계 대명사로 수식을 하는 경우에는 주어나 목적어의 문장 성분을 that, which, who가 대신하지만 관계부사 where, when, why를 쓰는 경우에는 이 단어들을 기준으로 앞 뒤로 완전한 문장이 온다는 특징이 있습니다.

16 Part

I'll meet James at 3 o'clock.

전치사

주어와 동사를 잘 활용할 줄 안다면, 전치사를 사용하여 문장을 좀 더 구체적으로 만들 수 있어요. 이 단원에서 우리가 친구와 만날 때 몇 시에, 어디에서 만날지를 표현하는 방법을 배울 수 있어요. 우리말 '3시에'는 영어로 어떻게 표현할까요? three, in three, at three? 장소, 방법, 시간 등을 어떻게 표현하면 좋을까 하는 궁금증으로 이 단원을 시작해 보세요.

UNIT 76

I'll meet James at 3 o'clock. 시간의 전치사

76

I'll meet James **at** 3 o'clock.
나는 3시에 제임스를 만날 것이다.

I like climbing the mountain **in** autumn.
나는 가을에 등산하는 것을 좋아한다.

1 전치사 at, in, on

- **전치사 + 명사(구)**: 전치사는 혼자 쓰이지 않고, 항상 명사 혹은 명사구를 동반한다.

at + 시간	I met James **at** 3 o'clock. 나는 3시에 제임스를 만났다.
in + 월, 년, 계절	I was born **in 1982**. 나는 1982년에 태어났다.
on + 특정한 날, 요일, 날짜	**On** Christmas, we all get together to have dinner. 크리스마스에, 우리는 저녁식사를 위해 모두 모인다.

- in the morning 아침에
- in the afternoon 점심에
- in the evening 저녁에
- at night 밤에
- this morning 오늘 아침에
- on Sundays(=every Sunday) 일요일마다
- last night 지난 밤에
- at noon 정오에

PRACTICE

A. 빈칸에 알맞은 전치사를 쓰세요.

1. I usually do my homework ___________ the evening.
2. He always wants to eat something ___________ night.
3. I go fishing with my dad ___________ Sundays.
4. I was about to meet her ___________ 3 p.m.
5. She always has lunch ___________ noon.

B. 다음 문장에서 틀린 부분을 알맞게 고쳐 보세요.

1. I want to meet you in 3:50.
2. The first meeting will be held at November 1st.
3. I was born on 1978.
4. We are going to have a meeting in Mondays.
5. I like taking a walk on spring.

UNIT 77 Long hair was a big hit during the 18th century. 기간의 전치사

77

Long hair was a big hit **during** the 18th century. 긴 머리가 18세기 동안 큰 유행이었다.

Before having dinner, you need to wash your hands. 저녁식사를 하기 전에, 너는 손을 씻어야 한다.

1 기간의 전치사

before ~전에	**Before** lunch, I need to finish this task. 나는 점심식사 전에 이 일을 끝내야 한다.
after ~후에	**After** lunch, I always have coffee. 점심식사 후에 난 항상 커피를 마신다.
for ~동안에 (+ 숫자적 기간),	He has lived here **for** 3 years. 그는 이곳에서 3년 동안 살아왔다.
during ~동안에 (+ 일정기간)	I've stayed there **during** summer vacation. 나는 여름 휴가기간 동안 그곳에 머물렀다.

참고
for ~을 위한, ~을 향해: I bought this present **for** Eric. 나는 에릭을 위해 이 선물을 샀다.

PRACTICE

A. 우리말과 뜻이 같도록 전치사를 활용하여 빈칸을 채우세요.

1. 제이크는 내일 캐나다로 떠날 것이다.
   Jake will leave ______________ Canada tomorrow.
2. 나는 겨울방학 동안에 캠핑을 갈 것이다.
   I will go camping ______________ the winter vacation.
3. 그녀는 그 회사에서 5년 동안 일해왔다.
   She has worked at the company ______________ 5 years.
4. 아델은 3년 동안 불어를 공부했다.
   Adele has studied French ______________ 3 years.
5. 집에 도착한 후에, 나는 항상 손을 씻는다.
   ______________ getting home, I always wash my hands.

B. 다음 문장에서 틀린 부분을 알맞게 고쳐 보세요.

1. I worked out hard to the vacation.
2. I finished my homework during going to bed.
3. I had a stomachache for eating the noodle.
4. I usually watch TV during dinner.

UNIT 78

There is a bookstore near the post office. 장소의 전치사

There is a bookstore **near** the post office.
우체국 근처에 서점이 하나 있다.

How about meeting **in front of** the café?
카페 앞에서 만나는 것이 어때?

1 장소의 전치사 1

over ~ 위에	The birds are flying **over** the house. 새들이 집 위에 날아다니고 있다.
under ~ 아래에	There is a cat **under** the table. 탁자 아래에 고양이가 한 마리 있다.
near ~ 근처에	There is a bookstore **near** the post office. 우체국 근처에 서점이 하나 있다.
in front of ~ 앞에	How about meeting **in front of** the café? 카페 앞에서 만나는 것이 어때?
next to ~ 옆에	He is standing **next to** the door. 그가 문 옆에 서있다.
between ~ 사이에	It's a secret **between** you and me. 그것은 너와 나 사이의 비밀이다.
behind ~ 뒤에	Who's the girl standing **behind** Victor? 빅터 뒤에 서 있는 저 여자아이 누구니?

2 장소의 전치사 2

at + 좁은 장소: ~에서	Let's meet **at** the theater. 극장에서 만나자.
in + 넓은 장소: ~에서	I arrived **in** Canada. 나는 캐나다에 도착했다.
on ~ 위에	There is a box **on** the table. 탁자 위에 상자가 있다.

PRACTICE

A. 우리말과 뜻이 같도록 전치사를 활용하여 빈칸을 채우세요.

1. 산 위에 무지개가 있다. There is a rainbow _________ the mountain.
2. 우리 회사 앞에 커다란 빌딩이 있었다. The tall building ________ our company used to be there.
3. 승강기 옆에 화장실이 있습니다. The bathroom is _________ the elevator.
4. 책상 아래에 고양이가 있다. There is a cat _________ the desk.

B. 괄호 안의 단어를 알맞게 배열해 보세요.

1. 은행 근처에 빵집이 있다. There is a bakery ___________________________. (the, near, bank)
2. 탁자 밑에 먼지가 많이 있다. There is a lot of dust ________________________. (the, under, table)
3. 그녀는 극장 앞에서 너를 기다리는 중이다. She is waiting for you ___________________________.
(the, in, of, front, theater)
4. 나는 백화점에서 너를 기다릴 것이다. I will wait for you ______________________________.
(at, store, department, the)

UNIT 79 I will go there with you. 기타 전치사

79

I will go there **with** you. 내가 그곳에 너와 함께 갈거야.

I go to work **by** bus. 나는 버스를 타고 출근한다.

1 기타 전치사

with ~을 가지고, ~와 함께	I will be there **with** him. 나는 그와 함께 거기 있을거야.
without ~ 없이	I can't do that **without** you. 나는 너 없이는 그 일을 할 수 없어.
about ~에 대해서, 대략	They were talking **about** Julie. 그들은 줄리에 대해 말했다.
from ~로부터	I didn't hear any news **from** her. 나는 그녀로부터 소식을 듣지 못했다.

참고

from 의 다양한 표현
suffer from ~로 괴로워하다
He **suffered from** lack of sleep. 그는 잠이 부족해 고통 받았다.
be made from ~로 만들어지다 (원재료를 알 수 없을 때)
Plastic **is made from** oil. 플라스틱은 석유로 만들어진다.
be made of ~로 만들어지다 (원재료를 알 수 있을 때)

to ~로, ~에게	He gave my notebook back **to** me. 그는 나에게 노트를 돌려주었다.
like ~와 같은	He can play the violin well **like** you. 그는 너처럼 바이올린을 잘 연주할 수 있다.
by ~을 타고	I go to work **by** bus. 나는 버스를 타고 출근한다.

주의 'by + 운송수단'에서 운송수단 앞에는 관사를 사용하지 않는다. '걸어서'라는 표현은 by foot이 아니라 on foot을 사용한다.

PRACTICE

A. 우리말과 뜻이 같도록 전치사를 활용하여 빈칸을 채우세요.

1. 그녀는 수채물감으로만 이것을 그렸다. She drew this only ____________ water colors.
2. 지하철로 대략 30분 걸릴 것이다. It will take ____________ 30 minutes by subway.
3. 줄리는 나의 과제를 도왔다. Julie helped me ____________ my homework.
4. 이 책은 한국역사에 대해 쓰여졌다. This book was written ____________ Korean history.

B. 우리말과 뜻이 같도록 알맞게 단어를 배열해 주세요.

1. 이 와인은 프랑스 포도로 만들어진다. This wine ____________ grapes in France. (from, made, is)
2. 이 책상은 나무로 만들어진다. This desk ____________________________ wood. (is, of, made)
3. 나는 탐에게 편지를 썼다. I ________________ a letter ________________ Tom. (to, wrote)
4. 학교로부터 집에 도착하는데 1시간 걸린다.
   It takes 1 hour ________________________. (from, school, get, to, home)

UNIT 80

I got this job done thanks to you. 두 단어 이상으로 된 전치사

80

I got this job done **thanks to** you.
당신 덕분에 내가 이 일을 했어요.

She will work this Sunday **instead of** having a day off. 그녀는 이번 주 일요일에 쉬는 것 대신 일을 할 것이다.

1 두 단어 이상으로 된 전치사

because of ~때문에 **(=due to, owing to)**	He had to be hospitalized **because of** the car accident. 그는 차 사고 때문에 병원에 입원해야 했다.
thanks to ~덕분에	We found the missing cat **thanks to** you. 우리는 당신 덕분에 잃어버린 고양이를 찾았다.
instead of ~대신에	How about drinking juice **instead of** coke? 콜라 대신에 주스를 마시는 것이 어떠니?
in spite of ~에도 불구하고	**In spite of** the pressure, she handled the situation well. 압박에도 불구하고, 그녀는 그 상황을 잘 다루었다.

PRACTICE

A. 우리말과 뜻이 같도록 전치사를 활용하여 빈칸을 채우세요.

1. 그는 기말고사 때문에 잠을 잘 수 없었다. He couldn't sleep very well ____________ the final test.
2. 부주의한 운전 때문에 사고가 발생하였다. The accident happened ____________ careless driving.
3. 그의 도움 덕분에, 우리는 마침내 그룹 프로젝트를 끝냈다.
   ________________ his help, we finished the group project in the end.
4. 위험 표지판들에도 불구하고, 나는 암벽등반을 하였다.
   I went rock climbing, ____________________ all the danger signs.
5. 나는 도시에서 사는 것 대신에 시골에서 살고 싶다.
   I would like to live in the countryside ____________ living in the city.

B. 다음 문장에서 틀린 부분을 알맞게 고쳐 보세요.

1. Thanks to his deep knowledge, he failed the test.
2. We saved the dog thanks for you.
3. In spite strong opposition, they insisted on the first idea.
4. How about taking a rest instead working?
5. He called the ambulance due for his broken leg.

Writing

1 그는 나의 도움을 요청하지 않고 스스로 과제를 했다.

He did his homework ____ himself ____ ____ for my help.

2 그녀는 휴가 동안 쇼핑하러 다니면서 많은 시간을 보냈다.

She has ____ a lot of time ____ shopping ____ the holidays.

3 이 책은 나의 오래된 책과 유사하다.

This book is ____ ____ my old one.

4 내가 당신 사무실에 잠깐 들려도 괜찮을까요?

Can I ____ ____ your office ____ a while?

5 나는 독일어, 스페인어와 같은 새로운 언어를 학습하는데 관심이 있다.

I am ____ ____ ____ new languages ____ German or Spanish.

6 당신은 버스를 타기 위해서 한 줄로 줄을 서야 한다.

You should ____ ____ a ____ for the bus.

Words

by oneself 스스로
be similar to ~와 유사하다
ask for ~을 요청하다
stop by ~에 잠시 들리다

This is it!

What do you see?	뭐가 보이는가?
I see a young man with potential.	가능성이 있는 젊은이가 보여.

킹스맨(Kingsman; The secret service)이란 영화에 나오는 대사의 일부분입니다. 영어에서는 명사를 꾸며주는 다양한 장치들이 존재하는데, 이는 의미를 좀 더 구체적으로 만들어 줍니다. Young man은 '젊은 남자'를 뜻하지만, with potential이 붙게 되면 젊은 남자의 범위가 좁아집니다. 이처럼 명사를 좀 더 구체적으로 설명할 때에 전치사구를 활용하면 간결하게 표현할 수 있습니다. 특히 사람이나 사물이 갖는 모습이나 물리적 특징을 나타날 때, 전치사 with로 시작하는 단어의 덩어리들을 만들면 됩니다.

젊은 남자(young man)

- 검은 머리를 가진 ⇒ with black hair
- 감기에 걸린 ⇒ with the flu
- 가방을 든 ⇒ with a suitcase
- 용기를 가진 ⇒ with courage
- 방향감각이 없는 ⇒ with no sense of direction

이처럼 전치사구는 굉장히 다양한 의미로 명사에 옷을 입혀 줍니다. 명사를 뒤에서 꾸며주어 문장을 구체적으로 만들 수 있는 아주 유용한 장치임을 기억하고 공부하면 더욱 도움이 될 겁니다.

다음은 on 전치사구의 옷을 입은 명사들입니다.

the man on the phone 통화중인 남자
employees on strike 파업중인 직원들
mother on a diet 다이어트중인 엄마
father on a trip 여행중인 아빠
stain on your shirt 셔츠에 묻은 얼룩
people on the bus 버스를 탄 사람들

17

Part

She is taller than my daughter.

비교급과 최상급

앞서 공부했던 형용사와 부사의 응용 단원이에요. 무언가와 비교하거나 최상의 표현을 나타내고 싶을 때 어떻게 할까요? '키가 큰'과 '제일 키가 큰'을 학습할 수 있어요.

UNIT 81

She is taller than my daughter. 비교급

81

She is **taller than** my daughter.
그녀는 나의 딸보다 키가 더 크다.

Hanna is **more beautiful than** her sister.
한나는 그녀의 여동생보다 더 아름답다.

1 비교급: '형용사 + er'의 형태로 '더 ~한'으로 해석한다.

- 일반적인 형태: 형용사 + er. small → smaller, tall → taller
- 단어가 '모음 + 자음'으로 끝난 경우: 자음 한번 더 쓰고 + er. big → bigger, hot → hotter
- 단어가 y로 끝난 경우: y를 i로 바꾸고 + er. pretty → prettier, busy → busier
- 단어가 3음절 이상인 경우: 형용사 + er. beautiful → more beautiful, difficult → more difficult

2 불규칙 형태의 비교급

- good / well – better
- bad – worse
- many / much – more
- little – less
- old – older (나이)
- old – elder (손위)
- late – later (시간)
- late – latter (순서)

3 비교대상을 쓸 경우, 'than + 비교대상'으로 쓴다. A is 비교급 than B: A가 B보다 ~하다

- She is **taller than her brother.** 그녀는 그녀의 남동생보다(비교대상) 더 크다.

PRACTICE

A. 괄호 안의 단어를 알맞게 변형하여 문장을 완성하세요.

1. This coffee is ____________ than that one. (hot)
2. We are ____________ than those guys. (big)
3. Today is ____________ than yesterday. (cold)
4. My cat is ____________ than yours. (pretty)
5. This box is ____________ than that one. (heavy)

B. 다음 문장에서 틀린 부분을 알맞게 고쳐 보세요.

1. Jane is smart than Tom.
2. My bag is heavier than you.
3. I want to have a small shirt than this.
4. You should run faster to that.
5. She is beautifuller than you.

UNIT 82
The hat is as expensive as the sweater. 비교급 주요 표현

82

The hat is **as expensive as** the sweater.
이 모자는 이 스웨터만큼 비싸다.

My brother is 3 years **senior to me.**
우리 오빠는 나보다 3살 더 많다.

1 동등비교, 원급

- **as + 형용사/부사 + as**: 두 개의 대상을 비교할 때 '~만큼 …한/…하게'라고 해석한다.

I can run **as fast as** you. 나는 너만큼 빠르게 달릴 수 있어.
An old woman has hair **as white as** snow. 할머니는 눈만큼 하얀 머리를 가지고 있다.

- **not as + 형용사/부사 + as**: ~만큼 …하지 않은

Simon is**n't as tall as** his brother. 시몬은 그의 형만큼 크지 않다.
Tom's **not as old as** you. 탐은 너만큼 나이가 많지 않다.

2 전치사 to를 쓰는 비교급

- senior to ~ ~보다 손위의
- junior to ~ ~보다 손아래의
- inferior to ~ ~보다 열등한
- superior to ~ ~보다 우수한
- prefer A to B B보다 A를 더 좋아하다

David **prefers** Korean food **to** Japanese food. 데이빗은 일식보다 한식을 더 좋아한다.
He is older than me, but he is **junior to** me. 그는 나보다 나이가 많지만 나의 아랫사람이다.
Your computer is **superior to** mine. 너의 컴퓨터는 내 것보다 성능이 좋다.

PRACTICE

A. 괄호 안의 단어를 알맞게 변형하여 문장을 완성하세요.

1. Brandon can eat ______________ than Darren. (much)
2. Julie is ______________ at cooking than Sally. (good)
3. You should eat ______________ than before. (little)
4. You just make things ______________ than before. Please leave me alone. (bad)
5. He feels ______________ than before. (bad)

B. 다음 문장에서 틀린 부분을 알맞게 고쳐 보세요.

1. Jack prefers reading a book than going out.
2. I have much things to do than you.
3. This project is much good than the old one.
4. I like the latter idea much than the former one.
5. She is less smart to Tom.

UNIT 83

He is the most handsome boy in our school. 최상급

83

He is **the most handsome** boy in our school.
그는 우리 학교에서 가장 잘생긴 소년이다.

She is **the smartest** girl in our city.
그녀는 우리 도시에서 가장 똑똑한 소녀이다.

1 **최상급**: **'형용사 + est'**의 형태로 **'가장 ~한'** 으로 해석한다.

- 일반적인 형태: 형용사 + est. small → smallest, tall → tallest
- 단어가 모음 + 자음으로 끝난 경우: 자음 한번 더 쓰고 + est. big → biggest, hot → hottest
- 단어가 y로 끝난 경우: y를 i로 바꾸고 + est. pretty → prettiest, busy → busiest
- 단어가 3음절 이상인 경우: most 원급. beautiful → most beautiful, difficult → most difficult

2 불규칙 형태의 최상급

- good / well – best
- bad / ill – worst
- many / much – most
- little – least
- old – oldest (나이)
- old – eldest (손위)
- late – latest (시간)
- late – last (순서)

PRACTICE

A. 괄호 안의 단어를 알맞게 변형하여 문장을 완성하세요.

1. This is ____________ city in our country. (beautiful)
2. John is ____________ boy in his class. (small)
3. It is ____________ ring that I've ever bought. (expensive)
4. ____________ box is on the floor. (heavy)
5. I am ____________ student in my class. (tall)

B. 우리말과 뜻이 같도록 괄호안의 단어를 알맞게 배열해 보세요.

1. 크리스는 우리 마을에서 덩치가 가장 크다.
   Chris is ____________________ in our town. (biggest, the, guy)
2. 저 가장 큰 건물은 나의 것이다.
   ____________________ is mine. (building, that, tallest)
3. 저는 가장 저렴한 텐트를 사고 싶어요.
   I want to buy ____________________. (tent, the, cheapest)
4. 그녀는 학교에서 가장 인기 있는 소녀이다.
   She is ____________________ in my school. (girl, popular, most, the)

UNIT 84

She is the youngest in my family. 최상급 주요 표현

84

She is **the youngest in** my family.
그녀는 우리 가족 중에서 제일 어리다.

He is **the most intelligent in** the class.
그는 그의 반에서 가장 영리하다.

1 the 최상급 A in(of) B: B에서 가장 A한

- She is **the smartest girl in** our city. 그녀는 우리 도시에서 가장 똑똑한 소녀이다.
- Jin is **the tallest of** the four boys. 진은 소년 4명 중에 키가 가장 크다.
- That is **the easiest solution of** all. 저것이 모두 중 가장 쉬운 해결책이다.

2 불규칙 형태의 최상급과 다양한 표현 방법

참고

No ~ as 형용사 as, No ~ 비교급 than, 비교급 than any other 단수명사, 비교급 than all the other 복수명사: 아무도 ~만큼 …하지 않은 / …하지 않게

Jane is **the most friendly** girl in my class. 제인은 우리 반에서 가장 상냥하다.
= **No one** is **as friendly as** Jane in my class.
= **No one** is **more friendly than** Jane in my class.
= Jane is **more friendly than any other girl** in my class.
= Jane is **more friendly than all the other girls** in my class.

PRACTICE

A. 괄호 안에서 알맞은 것을 고르세요.

1. He got the (good / best) score in his school.
2. I am the (eldest / oldest) one in our family.
3. She is the (best / better) at cooking Italian food in our city.
4. Mari has the (most / more) interest in watching movies.
5. She has the (least / less) interest in sports.

B. 괄호 안의 단어를 사용하여, 우리말과 뜻이 같도록 문장을 완성해 보세요.

짐은 회사에서 가장 근면한 직원이다. (diligent)

1. Jim is ______________________ worker in our company.
2. No one is ______________________ Jim in our company.
3. No one is ______________________ Jim in our company.
4. Jim is ______________________ man in our company.
5. Jim is ______________________ men in our company.

UNIT 85

John eats three times as much as I do. 배수사와 관용표현

85

John eats **three times as much as** I do.
존은 나보다 3배 더 많이 먹는다.

It is **getting colder and colder.**
날씨가 점점 더 추워진다.

1 **배수사**: **'배수사 + as + 원급 + as'** 혹은 **'배수사 + 비교급 + than'**으로 표현한다.

- This pencil is **three times as long as** that one. 이 연필은 저것보다 3배 더 길다.

2 관용표현

- the 비교급~, the 비교급~: ~하면 할수록, 더~하다
- get 비교급 and 비교급: 점점 더 ~하다
- one of the 최상급 복수명사: 가장 ~한 것 중 하나
- as 형용사 as possible: 가능한 한 ~하게 (possible= 주어 + can)
- less 형용사: 덜 ~한

참고
no more than (only): 겨우
not more than (at most): 기껏해야
no less than (as much as): ~못지 않게
not less than (at least): 적어도

The more you have, **the more** you want. 가지면 가질수록 더 갖고 싶다.
Come here **as soon as possible.** 이곳에 가능한 한 빨리 와 주세요.
This book is **getting more and more interesting.** 이 책은 점점 더 흥미로워지고 있다.

PRACTICE

A. 우리말과 뜻이 같도록 괄호 안의 단어를 알맞게 배열해 보세요.

1. 이것은 가장 흥미로운 책 중 하나이다. (of, most, one, the, interesting, books)
   This is ____.
2. 그는 요리하는 것뿐만 아니라 집안일도 잘한다. (cooking, well, as, doing, the housework, as)
   He is good at ____.
3. 부산의 기후는 서울의 기후보다 3배 더 덥다. (hot, three, as, as, times)
   The climate in Busan is ______________________________ that in Seoul.

B. 다음 문장에서 틀린 부분을 알맞게 고쳐 보세요.

1. She walked as fast as she would.
2. At less, he was not a liar.
3. He is one of the most famous artist in the world.
4. This dog is two times as heavier as that one.
5. This book is getting more interesting and more interesting.

Writing

1 점점 더 추워지고 있다.

It is getting ________ ________ ________.

2 네가 학업에 더 집중할수록, 더 좋은 결과를 얻을 것이다.

The ________ you concentrate on studying, the ________ ________ you will get.

3 당신은 이것보다 훨씬 더 잘 이 업무를 해내야 한다.

You ________ do this job much ________ ________ that.

4 그곳은 세계에서 가장 유명한 박물관중 하나이다.

It is one of the ________ ________ ________ in the world.

5 그는 내 생일선물로 가장 예쁜 드레스를 사줬다.

He got ________ ________ dress for my ________.

6 적어도 그녀는 가족들에게 거짓말하지 않았다.

________ ________, she didn't ________ to the family.

Words

get cold 추워지다
result 결과
concentrate on ~에 집중하다
at least 적어도

This is it!

비교급을 나타내는 표현 앞에는 the를 쓰지 않는 것이 원칙입니다. the는 대개 유일한 것을 지칭할 때 쓰는 표현이므로, 막연한 비교에서 the를 쓰면 안 됩니다. 그러나 비교의 대상이 둘인 경우에는 'the + 비교급'의 형태를 쓰는 것이 가능합니다. 둘 중에 하나가 더 ~하다는 것은 구체적인 대상을 지칭하기 때문입니다.

Joyce is the taller of the two girls. 두 소녀 중에 조이스가 키가 더 크다.

위 문장에서는 비교의 대상이 두 소녀(two girls)로 한정되므로, 비교급(taller) 앞에 the를 써야 합니다. 두 소녀 중에서 더 큰 것은 조이스이고, 유일한 대상이 되므로 the taller로 표현될 수 있는 것입니다. 즉 표현은 비교급으로 되어 있지만, 최상급의 의미를 지니므로 비교급 앞에 the가 붙을 수 있습니다.

또한, 'the + 비교급, the + 비교급' 구문이 있는데, '더 ~하면 할수록, 점점 더 ~ 하다'라는 뜻입다. 이 문장은 딱딱한 문장을 좀 더 극적으로 묘사할 때 쓸 수 있는 표현입니다.

The more we have, the more we lose. 더 많이 가질수록, 점점 더 많이 잃는다.

이 문장에서 특이한 점은 접속사가 없다는 것입니다. 최대한 문장을 간결하게 만들어 핵심적인 내용을 함축적으로 전달할 때 유용하게 써먹을 수 있는 문법입니다.

As we share more, we have more.

The more we share, the more we have.

나눌수록 더 얻게 된다는 뜻인데, 아래와 같이 표현하면 의미가 좀 더 강하게 전달됩니다.

18
Part

I feel like having coffee or tea.

접속사

단어와 단어, 구와 구 혹은 절을 연결할 수 있는 방법은 없을까요? 접속사란 연결뿐 아니라, 시간, 조건 및 양보와 같은 표현을 통해 동사를 더욱 확장시킬 수 있는 방법이 되기도 해요.

예를 들어, '점심을 먹다', I have lunch를 '점심을 먹을 때'로 표현하고 싶을 때, when이라는 접속사를 사용하여 when I have lunch로 표현할 수 있어요.

UNIT 86

I feel like having coffee or tea. 등위 접속사

86

I feel like having coffee **or** tea.
나는 커피나 차를 마시고 싶다.

He is weak **but** diligent. 그는 허약하지만 성실하다.

1 등위 접속사: 같은 성질을 가진 단어(구)를 대등하게 연결해주는 접속사이다.

and 그리고	I like eating cookies **and** milk together. 나는 쿠키와 우유를 같이 먹는 것을 좋아한다.
but 그러나	He bought a big house, **but** still he couldn't feel satisfied. 그는 큰 집을 샀지만, 여전히 만족감을 느끼지 못했다.
or 또는	Which one do you like more, coffee **or** tea? 커피와 차 중에서 어느 것을 더 좋아하니?
for 왜냐하면	He isn't going jogging, **for** it is raining. 비가 오기 때문에 그는 조깅하러 가지 않는다.
yet 그런데도	I have a lot of clothes, **yet** I keep looking for new ones. 나는 많은 옷을 가지고 있지만, 계속해서 새로운 것을 찾는다.
so 그래서	I have many good friends, **so** I feel so happy with them all the time. 나는 많은 좋은 친구들이 있어서 항상 그들과 행복감을 느낀다.

2 명령문 + and/or

명령문, and ~	~해라, 그러면 …할 것이다.	Practice English more, **and** you could speak English very well. 영어를 더 연습해라, 그러면 영어를 잘 말할 수 있을 거야.
명령문, or ~	~해라, 그렇지 않으면 …할 것이다.	Take a rest, **or** you will feel tired. 휴식을 취해라, 그렇지 않으면 피곤함을 느낄 거야.

PRACTICE

A. 빈칸에 알맞은 등위 접속사를 쓰세요.

1. Get up early, __________ you won't be on time for work.
2. Eat regularly, __________ your health will be better than before.
3. Hurry up, __________ you will miss the bus.
4. Don't lie to me again, __________ I will never trust you.
5. Drink milk every day, __________ your bones will be much stronger.

B. 다음 문장에서 틀린 부분을 알맞게 고쳐 보세요.

1. I am a smart but happy person.
2. She wants to go to the museum and enjoying the masterpieces.
3. I would like to take a nap or I have a lot of work to do.
4. James has to wash the dishes yet do the laundry.

UNIT 87

He is not a teacher but a singer. 상관 접속사

87

He is **not** a teacher **but** a singer.
그는 선생님이 아니라 가수이다.

She likes **both** math **and** English.
그녀는 수학과 영어 둘 다 좋아한다.

1 상관 접속사: 두 개 이상의 단어가 하나의 접속사 역할을 하는 것을 말한다.

- **both A and B** A와 B 둘 다
- **either A or B** A 또는 B
- **not only A but also B** A뿐만 아니라 B도
- **not A but B** A가 아니라 B
- **neither A nor B** A도 B도 아닌
- **B as well as A** A뿐만 아니라 B도

Both he and his wife enjoy tennis. 그와 그의 부인 둘 다 테니스를 즐긴다.
Neither Ali nor Charlie likes sushi. 알리와 찰리 모두 스시를 좋아하지 않는다.
He as well as she was glad to see Luke again. 그녀뿐만 아니라 그도 루크를 다시 만나서 기뻤다.

2 주의 상관 접속사의 수 일치: Both A and B는 뒤에 복수동사, 나머지 상관접속사는 B에 수 일치시킨다.

- **Tom as well as I is** going to visit the museum. 나 뿐만 아니라 탐도 박물관을 방문할 예정이다.
- **Either you or he is** wrong. 너 아니면 그가 잘못이다.
- **Not only cheese but also milk is** good for your teeth. 치즈 뿐만 아니라 우유도 너의 치아에 좋다.

PRACTICE

A. 우리말과 뜻이 같도록 다음 괄호 안의 단어를 알맞게 배열해 보세요.

1. 그는 야구와 농구를 둘 다 좋아한다.
   He likes ______________________. (both, baseball, basketball, and)
2. 나는 가수일 뿐만 아니라 작곡가이기도 하다.
   I am ______________________. (but, a composer, also, a singer, only, not)
3. 나와 그는 둘 다 오늘 출근하기를 원하지 않는다.
   ______________________ to go to work today. (nor, I, he, wants, neither)
4. 너는 차 혹은 커피 하나를 고를 수 있다.
   You can choose ______________________. (coffee, tea, or, either)

B. 다음 문장에서 틀린 부분을 알맞게 고쳐 보세요.

1. Both Tom and Jane is good students.
2. You can choose either milk and juice.
3. Joe as well as Shaina like Korean food.
4. They are both useful but helpful.

UNIT 88

When I saw you, you were with your friends. 종속 접속사 (시간)

88

When I saw you, you were with your friends.
내가 너를 봤을 때, 넌 친구들과 함께 있었다.

Before you have a meal, you should wash your hands. 식사를 하기 전에, 너는 손을 씻어야 한다.

1 **종속 접속사** (시간): 종속 접속사는 절(주어 + 동사)과 절을 연결하는 역할을 한다.

when(=as) ~일 때	**When** I saw you(= **As** I saw you), you were with your friends. 내가 너를 봤을 때, 너는 친구들과 함께 있었다.
before ~전에	**Before** you have a meal, you should wash your hands. 식사를 하기 전에, 너는 손을 씻어야 한다.
after ~후에	**After** I meet my friends, I will go home. 친구를 만난 후에, 나는 집에 갈 것이다.
until(=till) ~때까지	I will clean the house **until** you come back. 네가 돌아올 때까지 집안 청소를 할 것이다.
while ~동안에	**While** I was cleaning the house, he cooked dinner. 내가 집안 청소를 하는 동안 그는 저녁을 요리했다.

2 **주의** 시간의 접속사 이하에서는 미래를 나타내는 내용이라 하더라도 동사는 미래(will) 대신 현재형을 써준다. before, after, until은 전치사의 기능도 함께 한다.

When he will come back home, I won't be there. (X) 그가 집에 돌아왔을 때, 나는 거기에 없을 거야.
→ **When** he **comes** back home, I won't be there. (O)

PRACTICE

A. 종속접속사 before와 after 중 알맞은 단어로 문장을 완성해 보세요.

1. 수영하기 전에, 너는 준비운동을 해야 한다. ____________ swimming, you need to do warm-up.
2. 나는 샤워한 후에 초코 우유를 마시는 것을 좋아한다.
   I like drinking chocolate milk ____________ having a shower.
3. 너는 과제를 끝내기 전까지 놀 수 없다. You can't play ____________ finishing your homework.
4. 나는 저녁식사 후에, 샤워를 한다. I have a shower ____________ dinner.

B. 다음 문장에서 틀린 부분을 알맞게 고쳐 보세요.

1. While he was doing the exercise, he listen to music.
2. He will be waiting for me at the airport when I will arrive in Korea.
3. As he make coffee, his baby sings a song.
4. After finish the project, I can go home.

UNIT 89

Joy couldn't go to work as she was sick. 종속 접속사(이유, 조건)

89

Joy couldn't go to work **as** she was sick.
조이는 아파서 출근할 수 없었다.

If you want to go there, you should take a taxi. 네가 그곳에 가길 원한다면, 택시를 타야 한다.

1 **종속 접속사** (이유, 조건)

because(=as, since) ~때문에 (이유)	Joy couldn't go to work **because(=as, since)** she was sick. 조이는 아파서 출근할 수 없었다.
if 만약 ~라면 (조건)	**If** you want to get a better grade, you should try harder. 만일 네가 더 좋은 성적을 원한다면, 더 열심히 노력해야 한다.
unless 만약 ~가 아니라면 (조건)	**Unless** you try harder, you won't get a better grade. 네가 더 열심히 노력하지 않는다면, 더 좋은 성적을 얻을 수 없을 것이다.

주의 조건을 나타내는 접속사 이하에서는 동사는 미래(will)대신 현재형을 쓴다.

2 명사절을 이끄는 접속사 **if(=whether ~ or not)**: ~인지 아닌지

- Lillian is wondering **if** her boyfriend will be there.
  릴리안은 그녀의 남자친구가 그곳에 있을지 아닐지 궁금해 한다.

PRACTICE

A. 괄호 안에서 알맞은 것을 고르세요.

1. Mike is taking a nap now (as / because of) he couldn't sleep well last night.
2. I will go on a picnic (if / unless) it is sunny.
3. You won't pass the exam (if / unless) you work harder.
4. (As / Because of) I worked so late last night, I was too tired to walk home.
5. Anna wants to go to the theater if her husband (won't be / isn't) too tired.

B. 다음 문장을 해석해 보세요.

1. I don't know if he likes this present. → ______________________
2. I will do my best if you appoint me as a manager. → ______________________
3. She is wondering if he can come to her birthday party. → ______________________
4. She will be at the party if he is there as well. → ______________________
5. If you want to, you can come here. → ______________________

UNIT 90 Though he was rich, he wasn't happy about his life. 종속 접속사(양보)

90

Though he was rich, he wasn't happy about his life. 비록 그는 부유했지만, 그의 삶에 행복해하지 않았다.

I think **that** he is honest. 나는 그가 정직하다고 생각한다.

1 종속 접속사(양보)

- **although** 비록~일지라도 (= **though, even though, even if**)

Although(= though) he was short, he was good at any sport. 그가 키는 작았지만, 모든 스포츠를 잘 했다.

Though it was expensive, it was not well made. 그것은 비싸지만, 잘 만들어지지 않았다.

2 명사절을 이끄는 접속사 that: 'that + 주어 + 동사(완전한 문장)'으로 '~하는 것'으로 해석한다. that절은 문장에서 주어, 목적어, 보어의 기능을 한다.

- She is very smart. 그녀는 매우 똑똑하다.

문장 앞에 that을 붙이면 → that she is very smart '그녀가 매우 똑똑하다는 것'의 의미가 된다.

- **That** she is very smart / is true. 그녀가 매우 똑똑하다는 것은 / 사실이다.

PRACTICE

A. 우리말과 뜻이 같도록 괄호 안의 단어를 알맞게 배열해 보세요.

1. 진실은 그녀는 최선을 다했다는 것이다.

   The truth is ________________________. (does, best, her, she, that)

2. 우리는 그가 3일 동안 열심히 일해왔다는 것을 안다.

   We know ________________ for 3 days. (he, worked, has, that, hard, so)

3. 나는 그가 좋은 선생님이라고 생각한다.

   I think ________________________. (teacher, is, a, good, that, he)

4. 우리는 그녀가 최고의 사장이라고 생각한다.

   We believe ________________________. (best, the, is, boss, she, that)

B. 다음 문장에서 틀린 부분을 알맞게 고쳐 보세요.

1. What he has worked as a boss for 2 years is surprising.
2. Despite Sally had worked there for 3 years, she wasn't appointed as a manager.
3. In spite of he cleaned the house for 1 hour, it still looked dirty.
4. I didn't know what she was my boss.
5. We thought which this project would be successful.

Writing

1 나는 비가 내린 후에 산책하는 것을 좋아한다.

I like take a walk _____ _____ _____ .

2 그 문제를 해결한 뒤에, 나는 성취감을 느꼈다.

I accomplished it _____ _____ the problems.

3 네가 내 사무실로 올 수 있다면, 너에게 기계 사용하는 방법을 알려줄게.

_____ you can come to my office, I will show you _____ _____ _____ the machine.

4 비록 그가 그녀를 좋아했지만, 그는 너무 수줍어서 데이트 신청을 할 수 없었다.

_____ he liked her, he was too shy to _____ _____ _____ .

5 우리는 4시간 동안 그 프로젝트에 대해 토론했지만, 결론을 낼 수 없었다.

We had discussed the project for 4 hours, _____ we couldn't _____ _____ _____ .

6 만일 그녀가 더 용감했더라면, 그녀는 혼자서 유럽여행을 갔을 것이다.

_____ she were _____ , she _____ _____ to Europe by herself.

Words

take a walk 산책하다
how to+V ~하는 방법
conclusion 결론에 도달하다
accomplished 성취한
ask A out A에게 데이트 신청을 하다
brave 용감한

This is it!

영어를 공부하다 보면, 한글로는 비슷한데, 다른 상황에서 쓰이는 표현들이 있어요. even if, even though, although는 '비록 ~일지라도'로 이해하면 되지만, 쓰이는 상황이 조금씩은 달라요.

Even if you are my wife, you can't stop me.
Even though you are my wife, you can't stop me.
Although you are my wife, you can't stop me.

먼저 Even if를 보면 even이 if를 강조해 주고 있어요. if는 가정적 사실, 즉 실제로는 그런 상황이 아님을 나타내요. 그러므로 Even if로 시작하는 문장은 현실은 그렇지 않으나 혹시나 그런 상황을 가정한다고 해도 주절에서 발생하는 상황을 막을 수 없을 때 써요.

Even if you are wife란 표현에서 '비록 당신이 내 아내라 하더라도, 내 아내가 아니지만, 혹시 그렇다 가정하더라도', you can't stop me. '날 막을 순 없을 거야.' 좀 더 의역해보면, '내 아내도 내가 하는 일을 막을 수 없는데, 당신은 부인도 아니니 당연히 막을 수 없지'란 뜻이 되죠.

그러나 Even though you are my wife라고 문장을 쓰게 되면, even이 though를 강조해 주게 되는데 though는 사실을 인정하는 표현이에요. 즉, Even though you are my wife는 이미 당신은 나의 아내라는 사실을 인정하는 표현입니다. 가능성의 영역이 아닌 현실을 인정하는 표현이에요. 그러니까 '비록 당신이 내 아내이지만, 그래도 날 막을 순 없어'가 됩니다.

Even if → if는 가정이나 가능성의 영역 : 실제가 아님, 비록 ~라 하더라도
Even though → though는 사실의 영역 : 현실을 인정, 비록 ~이지만
Although → Even though와 상황은 같으나, Even though가 좀 더 강조

그러나 Even if / Even though로 시작하는 두 문장의 공통점은 주절에서 벌어지는 상황을 막을 막을 수 없다는 점이에요. 어떤 조건이든지 간에, 주절의 내용이 벌어진다는 것이에요.

19 Part

If it is sunny, we will go on a picnic.

가정법

'만약 내가 복권에 당첨되면, 난 멋진 차를 살거야.' 라는 표현은 어떻게 할까요? 이러한 문장은, 우리가 지금까지 배운 단순 시제들(현재, 과거, 미래)로는 표현이 불가능해요. 마법과 같은 if라는 단어의 적절한 조합을 통해, 우리도 가정을 표현하는 문장을 만들 수 있어요.

UNIT 91 If it is sunny, we will go on a picnic. 가정법 현재

91

If it **is** sunny, we **will go** on a picnic.
날씨가 화창하다면, 우리는 소풍 갈 것이다.

If she **isn't** sick, we **will go** there together.
만일 그녀가 아프지 않다면, 우리는 그곳에 함께 갈 것이다.

1 가정법 현재: 실제로 발생 가능한 일을 가정하는 문장이다.

2 If + 주어 + 현재동사, 주어 + will + 동사원형~: 만일 ~라면, …할 것이다

- If he **doesn't do** his homework again, he **will be punished** by his teacher.
  만일 그가 다시 과제를 하지 않는다면, 그는 선생님께 혼날 것이다.
- If she **joins** this seminar, she **will have** new experiences.
  만일 그녀가 이 세미나에 참석하면, 새로운 경험을 할 것이다.
- If you **don't** leave now, you **will miss** your plane.
  지금 네가 떠나지 않으면, 비행기를 놓칠 거야.

PRACTICE

A. 우리 말과 뜻이 같도록 괄호 안에 단어를 알맞게 배열해 보세요.

1. ______________________, we won't need to work on Saturday.
   (finish, tonight, task, if, you, this) 만일 네가 이 업무를 오늘밤에 끝내면 우리는 토요일에 일할 필요가 없어.
2. ______________________, you will find Sammy's bakery.
   (right, corner, turn, if, at, the, you) 만일 네가 모퉁이에서 오른쪽으로 돌면 너는 새미의 빵집을 찾을 거야.
3. ______________________, I will be there as well.
   (goes, if, to, he, the housewarming party) 만일 그가 집들이에 가면 나도 그 곳에 갈거야.
4. ______________________, you will see a lot of sheep.
   (go, New Zealand, if, you, to) 만일 네가 뉴질랜드에 가면 너는 양을 많이 볼 거야.

B. 다음 문장에서 틀린 부분을 알맞게 고쳐 보세요.

1. If you leave now, you would not be late for the meeting.
2. He will be the president of our company if over 50% of people will vote for him.
3. She get the bonus if she puts together this big deal.
4. If you will take a taxi, you will get there on time.
5. If you do your best, you would be more successful.

UNIT 92

If I were you, I would work for this company. 가정법 과거

If I **were** you, I **would work** for this company.
만일 내가 너라면, 나는 그 회사에서 일할텐데.

If I **had** dinner, I **would not be** hungry.
만일 내가 저녁을 먹는다면, 나는 배고프지 않을텐데.

1 **가정법 과거**: 현재 사실과 반대로 가정하여 현재 일어날 가능성이 적거나 절대 할 수 없는 일을 상상하여 표현한다.

2 **If + 주어 + 과거동사, 주어 + 조동사 과거 + 동사원형~**: 만일 ~라면, ~할텐데
If절 이하 be동사의 과거형은 항상 were를 쓴다.

- If I **had** dinner, I **would not be** hungry. 만일 저녁을 먹는다면, 나는 배고프지 않을 텐데. (가정)
  = As I didn't have dinner, I am hungry. 저녁을 먹지 않아서, 나는 배가 고프다(사실)
- If I **were** a bird, I **would fly** away. 내가 새라면, 나는 멀리 날아 갈텐데.
- If she **had** a big house, she **would be** busy cleaning the house all the time.
  그녀가 큰 집을 가졌더라면, 그녀는 항상 청소하느라 바빴을 것이다.

PRACTICE

A. 다음 문장을 해석해 보세요.

1. If I were rich, I could buy this car.
   → ______________________________.
2. If I were not your friend, I would not be so happy.
   → ______________________________.
3. If I didn't have a lot of work to do, I could help you.
   → ______________________________.
4. If she didn't have 5 dogs, she would not always be busy.
   → ______________________________.

B. 다음 문장에서 틀린 부분을 알맞게 고쳐 보세요.

1. I would not feel lonely if he was here with me.
2. If she doesn't have a car accident, she could go on a field trip.
3. Sean will have the first date with her if she didn't work this Saturday.
4. If he were not shy, Simon can ask her out.
5. If I am you, I would try harder.

UNIT 93

If I had been you, I would have passed the test. 가정법 과거 완료

93

If I **had had** your talent, I **could have passed** the test. 만일 너의 재능을 가졌더라면, 내가 시험에 통과했을 텐데.

If she **had** tried harder, she **wouldn't have regretted** it. 만일 그녀가 더 열심히 노력했더라면, 후회하지 않았을 텐데.

1 **가정법 과거완료**: 과거 사실과 반대로 가정하여 과거에 일어나지 않은 일에 대해 상상하여 말하는 표현이다.

2 **If 주어 had + 과거분사, 주어 + would/could + have + 과거분사 ~** : 만일 ~였다면, ~했을 텐데
If절 이하 be동사의 과거형은 항상 were를 쓴다.

- If I **had had** your talent, I **could have passed** the test.
  만일 너의 재능을 가졌더라면, 내가 시험에 통과했을 텐데. (가정)
  = As I didn't have your talent, I couldn't pass the test.
  너의 재능을 가지고 있지 않았기 때문에, 나는 시험에 통과할 수 없었다. (사실)
- If Joe **hadn't waken** up early, he **couldn't have had** a delicious breakfast at the hotel.
  만일 조가 일찍 일어나지 않았더라면, 그는 호텔에서 맛있는 아침식사를 할 수 없었을 것이다.
  = As Joe woke up early, he could have a delicious breakfast at the hotel.

PRACTICE

A. 다음 문장을 해석해 보세요.

1. If she had exercised enough, her weight wouldn't have been the same as before.
   → ____.
2. If I hadn't liked drawing a lot, I wouldn't have wanted to become an artist.
   → ____.
3. If he hadn't liked animals, Mason wouldn't have wanted to go to the zoo.
   → ____.
4. If he hadn't liked cooking, he wouldn't have been in charge of dinner.
   → ____.

B. 괄호 안에서 알맞은 것을 고르세요.

1. If he hadn't gone out late, he (would catch / wouldn't have caught) a cold.
2. If she hadn't been to Hawaii, she (couldn't have / couldn't have had) such an amazing experience.
3. If I hadn't been busy, I (would go / would have gone) there with you.
4. If I had been you, I (would have gone / would go) out with him.

UNIT 94

I wish we had coffee together. I wish / as if 구문

94

I wish we had coffee together.
나는 우리가 커피를 함께 하길 바란다.

He acts **as if** he **were** a teacher.
그는 마치 선생님처럼 행동한다.

1 I wish

- **I wish + 주어 + 과거동사:** ~하기를 바라다. 현재 사실과 다르기를 바랄 때 사용한다.
  I wish I studied English more. 나는 영어를 더 공부하기를 바란다.
- **I wish + 주어 + had + 과거분사:** ~했기를 바라다, 과거 사실과 달랐기를 바랄 때 사용한다.
  I wish I had studied English more. 나는 영어를 더 공부했기를 바란다.

2 as if

- **주어 + 동사 + as if + 주어 + 과거동사:** ~인 것처럼, 현재 사실의 반대를 이야기할 때 사용한다.
  He acts **as if** he **were** a teacher. 그는 마치 선생님처럼 행동한다.
- **주어 + 동사 + as if + 주어 + had + 과거분사:** ~였던 것처럼, 과거 사실의 반대를 이야기할 때 사용한다.
  He acts **as if** he **had been** a teacher. 그는 마치 선생님이었던 것처럼 행동한다.

PRACTICE

A. 다음 문장을 I wish 가정법으로 만들어 보세요.

1. I'm sorry I am not your friend. → I wish ____________________.
2. I'm sorry I don't have a nice dress. → I wish ____________________.
3. I'm sorry I didn't get enough rest. → I wish ____________________.
4. I'm sorry I had food poisoning. → I wish ____________________.
5. I'm sorry I didn't go there. → I wish ____________________.

B. 다음 문장을 해석해 보세요.

1. She is singing a song as if she were a professional singer. → ____________________
2. He talks as if he watched that movie. → ____________________
3. She talks as if she had read the book. → ____________________
4. He acts as if he had been their parents. → ____________________
5. They act as if they were good friends. → ____________________

UNIT 95

Without you, I wouldn't be so happy. Without 구문

95

Without you, I wouldn't be so happy.
네가 없다면, 나는 그렇게 행복하지 않을 거야.

If it were not for his help, I couldn't have found his office. 그의 도움이 없었다면, 나는 그의 사무실을 찾을 수 없었을 거야.

1 Without + 명사(구), 가정법 과거: ~가 없다면

= But for, except for, If it were not for (= Were it not for) : If가 생략되면 주어와 동사가 도치된다.

- Without him, she wouldn't be happy on her birthday. 그가 없다면, 그녀는 생일날 행복하지 않았을 것이다.
- Without you, I couldn't have found my key. 네가 없었더라면, 나는 내 열쇠를 찾을 수 없었을 것이다.

PRACTICE

A. 다음 문장을 해석해 보세요.

1. Without your advice, I couldn't have done this job by myself.
→ ____.
2. Without water, we couldn't live.
→ ____.
3. Without her, we wouldn't have started our project.
→ ____.
4. Without him, I couldn't have moved this big table.
→ ____.

B. 우리말과 뜻이 같도록 문장을 완성하세요.

1. 버스표가 없다면, 나는 직장에 걸어가야 할 것이다.
____________________, I would have to walk to work.
2. 이 장난감이 없었더라면, 그 아기는 계속 울었을 것이다.
____________________, the baby would have kept crying.
3. 네가 없다면, 나는 나의 직업을 바꿀 생각을 할 수 없을 것이다.
____________________, I couldn't think of changing my career.
4. 이 열쇠가 없었더라면, 나는 사무실에 들어갈 수 없었을 것이다
____________________, I couldn't have gone into the office.

Writing

1 만일 내가 팀의 매니저가 된다면, 나는 우리 팀을 잘 보살필 것이다.

_____ I _____ the manager of the team, I will take _____ _____ this team.

2 만일 내가 바쁘지 않았다면, 널 도왔을 거야.

_____ _____ _____ _____ _____, I could have helped you.

3 만일 도로가 붐비지 않았다면, 나는 직장에 늦지 않았을 것이다.

_____ the road hadn't been _____, I wouldn't _____ _____ _____ for work.

4 만일 나의 업무가 5시에 끝난다면, 나는 그를 만나러 갈 것이다.

_____ my task _____ _____ at 5, I would go meet him.

5 운동이 없었더라면, 그 노인은 건강이 좋지 않았을 것이다.

_____ exercise, the old man wouldn't be in _____ _____.

6 만일 내가 그 남자라면, 나는 그 결과에 만족할 것이다.

_____ _____ _____ him, I would be _____ with that result.

Words

take care of ~을 돌보다
be in good health 건강이 좋다
be over 끝나다
be pleased with ~에 만족하다

This is it!

우리는 아쉬움, 후회, 안도, 기대, 희망과 같은 감정을 느끼며 살아가요. 그리고 이런 감정들을 공유하며, 서로를 이해하고 위로하죠. 가정법은 이런 감정들을 시제의 차이만으로도 나타낼 수 있는데, 이 미묘한 기분을 잘 살려서 표현하는 것이 가정법이에요. 가정법이 과거나 현재 미래의 상황들을 상상하며, 그 기분이나 분위기를 드러내기 때문에 가정법의 법은 영어로 mood(분위기)라고 표현해요.

(A) If I am rich, I will help you.

(B) If I were rich, I would help you.

위 두 문장의 차이는 뭘까요? 우선 대화의 분위기가 달라요. 첫 번째 문장에서 느껴지는 분위기는 기대감이죠. If I am rich 내가 만약 부자가 된다면, I will help you 난 널 도와줄 거야.

즉, 부자가 되는 것이 가능성의 영역이니까, 조건만 성취되면 널 도와주겠다는 것이에요. 그러니 이 이야기를 듣는 상대방 입장에서는 기대감을 가질 수 있어요.

두 번째 문장에서 느껴지는 감정은 미안함이에요. 지금 부자가 아니고, 그럴 가능성도 없으니, 못 도와줘서 미안하다는 뜻이에요. 즉, 내가 부자라면 도와줄텐데, 부자가 아니라서 못 도와줘, 그리고 부자가 될 가능성도 거의 없어 미안해하는 분위기가 느껴져요.

이처럼 가정법은 시제의 차이만으로도 다른 감정을 전달할 수 있다는 매력이 있어요.

다음 문장은 어떤 기분(mood)을 만들어 내나요?

If I feel beter, I'll go there.
기분 좋아지면 갈게. → 상대방에게 올 것이라는 기대감을 줍니다.

If I felt better, I would go there.
기분이 좋으면 갈 텐데. → 그럴 가능성이 별로 없어 보여 상대방은 아쉬움을 느낄 것입니다.

Part 20

I do love you.

기타 다양한 문장들

지금까지 공부하면서, 동사, 명사, 형용사 등의 기본 구조와 확장에 이르기까지 우리는 많은 표현들을 배웠어요. 이번 단원에서는 그 이외에 몇 가지 다양한 표현을 더 살펴보려 해요. 이 단원에는 감탄, 강조, 도치 구문, 부가 의문문 등이 있어요.

UNIT 96

I do love you. 강조

96

I **do love** you. 나는 너를 정말 사랑해.

It **was Sam that** I met on the street at 3.
내가 3시에 길에서 만난 건 샘이었다.

1 동사 강조: 동사 앞에 do/does/did를 시제와 주어의 수에 맞게 쓰고 동사원형을 써준다.

- I hoped that she would pass the test. 나는 그녀가 시험에 통과하기를 희망했다.
  → I **did hope** that she would pass the test.

2 It is ~ that …: 강조하고 싶은 단어(동사 제외)를 It is와 that 사이에 넣어주고 나머지 부분은 that 이하에 넣어준다.

- I met Sam on the street at 3. 나는 3시에 길에서 샘을 만났다.
  It was **I that(who)** met Sam on the street at 3. (주어 강조)
  It was **Sam that(who(m))** I met on the street at 3. (목적어 강조)
  It was **on the street that(where)** I met Sam at 3. (장소 강조)
  It was **at 3 that(when)** I met Sam on the street. (시간 강조)

PRACTICE

A. 밑줄 친 부분을 강조하는 문장으로 바꿔 보세요.

1. She <u>studied</u> math so hard for the final test. → ______________________.
2. He <u>likes</u> her so much. → ______________________.
3. I <u>did</u> homework by myself. → ______________________.
4. They <u>clean</u> the classroom every day. → ______________________.
5. I <u>enjoyed</u> his classes. → ______________________.

B. 다음 문장에서 틀린 부분을 알맞게 고쳐 보세요.

1. It was my friends when didn't invite me to the party.
2. It is Tom where broke the window at school.
3. It was at 5 who James came back home.
4. It was at the café when Shaina met her husband for the first time.
5. It was they whom made a lot of noise last night.

UNIT 97

Open the window. 명령문과 권유하기

Open the window. 창문을 열어라.

Don't stay up late. 늦게까지 깨어있지 마라.

1 명령문: 동사원형으로 시작하는 문장이다.

- **Work** hard. 열심히 일해라.
- **Close** the door, please. 문 좀 닫아 주세요.

2 부정 명령문: 'Don't (Never) + 동사원형' 형태로 시작하는 문장이다.

- **Don't smoke** here. 여기서 흡연하지 말아라.
- **Don't forget** your mother's birthday. 너희 엄마 생신을 잊지 마.

3 권유하기

- '~하자'라고 상대방에게 권유할 때는 'Let's + 동사원형' 형태를 사용한다.
  Let's go to the movies. 영화 보러 가자.
- 부정문으로 '~하지 말자'라고 할 때는 'Let's not + 동사원형'이다.
  Let's not stay here any longer. 더 이상 여기 있지 말자.

PRACTICE

A. 우리말과 뜻이 같도록 괄호 안의 단어를 알맞게 배열해 보세요.

1. 여기서 뛰지 마라. → ______________________. (run / don't / around / here)
2. 직장에 늦지 마라. → ______________________. (work / late / be / for / don't)
3. 다른 사람들에게 친절해라. → ______________________. (kind / to / people / other / be)
4. 잠시 산책 좀 하자. → ______________________. (walk / for a while / a / Let's / take)
5. 그것에 관해서 얘기하지 말자. → ______________________. (about / talk / not / Let's / it)

B. 괄호 안에서 알맞은 것을 고르세요.

1. (Do touch not/ Do not touch) my baby.
2. (Have / Having) a piece of cake.
3. Let's (take / taking) a break for 10 minutes.
4. Let's (to eat / eat) breakfast together.
5. (Let's not give / Not let's give) it up now.

UNIT 98
You are a teacher, aren't you? 부가 의문문

98

You are a teacher, **aren't you**?
당신은 선생님이에요, 그렇지 않나요?

You like apples, **don't you**?
당신은 사과를 좋아해요, 그렇지 않나요?

1 **부가 의문문**: 문장 끝에 앞에서 사용된 주어와 동사를 활용하여 부가 의문문을 만든다.

2 부가 의문문 만드는 방법

① 주어와 동사를 찾아, 끝에 동사 + 주어 순서로 넣어준다. (주어는 대명사로 표기)
② 앞 동사가 긍정이면, 뒤 동사는 부정 / 앞 동사가 부정이면, 뒤 동사는 긍정이다.

You and I are good friends, **aren't we**? 너와 나는 좋은 친구지, 그렇지 않니?
You are going to school, **aren't you**? 너는 학교에 가지, 그렇지 않니?
Betty can come, **can't she**? 베티는 올수 있지, 그렇지 않니?

3 주의 **명령문, will you?/Let's ~ , shall we?**

- Open the window, **will you?** 창문을 열어라, 열 거지?
- Let's take a walk, **shall we?** 산책을 하자, 할 거지?

PRACTICE

A. 다음 각 문장의 부가의문문을 만들어 보세요.

1. They are English teachers, ______________________?
2. He likes playing golf, ______________________?
3. Jane enjoys eating Korean food, ______________________?
4. Jack didn't clean his room, ______________________?
5. You and Sean went climbing together, ______________________?

B. 다음 문장에서 틀린 부분을 알맞게 고쳐 보세요.

1. Let's meet up at the book store, will we?
2. This plan has a lot of problems, doesn't this?
3. Work harder, shall you?
4. You and I are good friends, aren't you?
5. These flowers are so beautiful, aren't it?

UNIT 99 What a beautiful city! 감탄문

99

What a beautiful city! 이 얼마나 아름다운 도시인가!

How interesting the movie is!
이 얼마나 흥미로운 영화인가!

1 감탄문

- **What + a(an) + 형용사 + 명사(+ 주어 + 동사)**

  What a beautiful city (this is)! 이 얼마나 아름다운 도시인가!
  What a good idea! 이 얼마나 좋은 생각인가!

- **How + 형용사 + 주어 + 동사**

  How interesting the movie is! 이 얼마나 흥미로운 영화인가!
  How silly it seems! 정말 어리석구나!

> **참고**
> 듣는 사람의 기분은 상관없이 자신만의 감정을 표현하는 것이므로, 일반적인 문장 구조와는 어순이 다르다. 우리말의 "와~ 진짜?"와 같은 표현은 영어에서 What/How(정말)로 쓴다.
> How kind of you to help me! 나를 도와주다니 너는 정말 친절하구나!
> (How는 '얼마나'가 아니라 '정말'이라는 뜻이다.)

PRACTICE

A. 다음 문장을 감탄문으로 만들어 보세요.

1. The weather is very nice. → ______________________________!
2. They are interesting stories. → ______________________________!
3. Those babies are so cute. → ______________________________!
4. This is a very delicious pizza. → ______________________________!
5. This movie is very wonderful. → ______________________________!

B. 다음 문장에서 틀린 부분을 알맞게 고쳐 보세요.

1. What interesting this news is!
2. What interesting books it is!
3. How nice are they!
4. What a amazing talent he has!
5. How a nice dress it is!

UNIT 100

On the street are a lot of kids. 도치

100

On the street are a lot of kids.
길거리에 아이들이 많이 있다.

Never did she tell a lie to me.
그녀는 내게 절대 거짓말하지 않았다.

1 도치: 주어와 동사의 위치가 바뀌는 경우를 말한다.

- **부정어구의 도치**: **부정부사 never, little, hardly, scarcely, not only** 등이 강조되면서 문장의 맨 앞에 올 때 **'부정부사 + 동사 + 주어'** 형식이 된다.

  Never again will I offer to help him. 나는 절대 다시는 그를 도와주지 않을 것이다.
  Rarely did he speak in class. 그는 수업 중에 거의 말을 하지 않는다.
  Little did he know his wife was angry. 그는 부인이 화가 난 것을 좀처럼 알지 못했다.

- **부사(구)의 도치**: 부사(구)의 의미를 강조할 때 문장의 맨 앞에 와서 주어, 동사가 도치되고 **'부사(구) + 동사 + 주어'** 형식이 된다.

  Here come the cops! 여기 경찰들이 온다!
  On the table were some chocolate cookies. 탁자 위에는 초콜릿 쿠키가 몇 있었다.
  Round the corner was a nice cafe. 모퉁이를 돌면 좋은 카페가 있었다.

- **so와 neither의 도치**: '~도 또한 그러하다(그렇지 않다)'라고 할 때 **'so(neither) + 동사 + 주어'** 형식을 사용한다.

  My father likes playing soccer, and **so do I.** 우리 아버지는 축구를 좋아하시고, 나도 또한 그렇다.
  I don't know why the accident happened. - **Neither do I.**
  나는 그 사고가 왜 일어났는지 모르겠다. 나도 그래.

PRACTICE

A. 괄호 안의 단어를 알맞게 배열해 보세요.

1. ____________ that she had done such a bad thing. (he, believe, hardly, did)
2. ____________ on your desk. (is, a, there, key)
3. ____________ for work. (he, was, never, late)
4. ____________ a lot of cars. (the, road, are, on)

B. 다음 질문에 대한 알맞은 대답을 쓰세요.

1. A : Christine likes driving in the country side. B : ____________. 나도 그래
2. A : He was a teacher. B : ____________. 나도 그랬었어.
3. A : Marc can't play the piano. B : ____________. 나도 그래
4. A : She doesn't like apples. B : ____________. 나도 그래

Writing

1 서둘러서 출근해.

_____ to work _____ a _____.

2 그녀를 공항까지 배웅해 준 건 제임스였다.

_____ was James that saw her _____ to the _____.

3 이 얼마나 지치게 하는 일인가!

_____ _____ this work _____!

4 그녀는 과제를 하지 않아서 곤란해질 수 있어, 그렇지 않니?

She could be in _____ for not _____ her assignment,

_____ _____?

5 매일 많은 강아지들을 돌보는 것은 그이다.

_____ is a lot of dogs _____ he takes _____ of every day.

6 A: 난 그 영화 좋아. B: 나도 그래.

A : I really _____ this movie.

B : _____ _____ _____.

Words

in a hurry 서둘러서
tiring 지치게 하는
take care of ~을 돌보다
see A off A를 배웅하다
be in trouble 곤란해지다

This is it!

모든 언어에서 문장은 기본적인 순서가 있는데, 종종 이 순서가 파괴될 때도 있습니다. 영어에서도 문장 성분의 위치가 변하는 경우가 있는데, 이를 '도치 구문'이라고 합니다. 일반적인 도치는 강조하고 싶은 내용들을 문장 제일 앞으로 보내는 것인데, 이는 강조하고 싶을 때에만 쓰면 되는 문법적인 장치입니다. 그러나 무조건 도치를 해야 하는 경우들이 있는데, 부정어가 문장 제일 앞에 나오는 경우가 이에 해당됩니다.

Jane was able to finish her work only in this way.

여기서 only in this way를 강조하고 싶을 때, Only in this way (was Jane able to finish her work.)로 쓰면 되는데 영어에서는 only in this way가 부정의 부사구로 여겨집니다. only는 '오직'이란 뜻이지만, '다른 방법은 안 된다'는 부정적인 뜻을 내포하기 때문에, 부정어로 분류됩니다. 그래서 이 문장의 (　　) 부분을 보면 마치 의문문과 같은 구조로 주어와 동사가 도치되어 있음을 알 수 있습니다. 일반동사를 도치시키는 경우에는 시제나 인칭에 맞춰 do동사를 활용하면 됩니다.

Little did I realize that Scarlet and I would be married.
realized 대신에 did가 생겨 주어(I) 앞으로 도치되었어요. 일반동사 자체는 도치가 안 됩니다.

그러나 실제 회화에서는 아래와 같은 경우에 훨씬 도치형태를 자주 사용합니다.

Jane took some rest.	제인은 약간의 휴식을 취했다.
So did I.	나도 휴식을 취했다. (긍정의 동의에 So)
Jane will not go back to her country.	제인은 자기 나라로 돌아가지 않을 것이다.
Neither will I.	나도 안 돌아갈 것이다. (부정의 동의에 Neither)

Appendix

명사와 동사

명사의 종류와 형태
불규칙 동사

명사의 종류와 형태

1. 의미에 따라서 가산명사도 되고, 불가산 명사도 되는 것

단어	불가산	가산
hair	모발 전체	머리카락을 한 올씩 셀 때
paper	종이	신문, 논문, 연구 보고서
time	시간	횟수, 시대
light	빛	조명
room	여지	방
statistics	통계학	통계 자료
glass	유리	유리잔
damage	손해, 배상	손해 배상금
change	변화	거스름돈
fire	불	(사건) 화재

2. 단수형과 형태가 다른 복수형

단수형	복수형	의미
datum	data	자료
ox	oxen	황소
mouse	mice	쥐
analysis	analyses	분석
basis	bases	기초, 기본
fungus	fungi	균류
phenomenon	phenomena	현상
focus	focuses / foci	초점
medium	media	매체
curriculum	curricula / curriculums	과정

3. 단수와 복수의 형태에 따라서 뜻이 다른 명사

단수형	복수형
arm 팔	**arms** 무기
ash 재	**ashes** 유골
authority 권위	**authorities** 당국
part 부분	**parts** 부품
sand 모래	**sands** 사막
bone 뼈	**bones** 유골, 시체
manner 방법	**manners** 예절
custom 관습	**customs** 세관
advice 충고	**advices** 통지, 통고
air 공기	**airs** 건방진 태도
pain 고통	**pains** 노고, 수고

4. 항상 복수형태여야 하는 단어 (동사 주의)

mathematics, politics, physics, **news** (뉴스), **means** (수단, 방법)	+ 단수 동사
pants, trousers, glasses spectacles (안경), **goods** (상품), **riches** (재산), **belongs** (소유물), **savings** (저금), **valuables** (귀중품)	+ 복수 동사

5. 돈과 관련된 명사

- 불가산 명사: **money** (돈), **cash** (현금), **revenue** (수입)
- 가산 명사: **cost** (비용), **charge** (비용), **fee** (수수료), **wage** (급여), **fare** (요금), **bonus** (보너스), **income** (수입), **profit** (이득), **price** (가격), **earning** (소득)

불규칙 동사

현재	과거	과거분사
am/are/is ~이다, ~있다	was/were	been
arise 발생하다, 일어나다	arose	arisen
bear 지니다, 낳다	bore	born
beat 치다	beat	beaten
become 되다	became	become
bend 구부리다	bent	bent
bite 물다	bit	bitten
blow 불다	blew	blown
break 깨다, 부수다	broke	broken
bring 가져오다	brought	brought
build 짓다, 만들다	built	built
buy 사다	bought	bought
catch 잡다	caught	caught
choose 선택하다	chose	chosen
come 오다	came	come
cost 값이 나가다	cost	cost
cut 자르다	cut	cut
dig 땅을 파다	dug	dug
do 하다	did	done
draw 그리다, 당기다	drew	drawn
drink 마시다	drank	drunk
drive 운전하다	drove	driven
feel 느끼다	felt	felt
fight 싸우다	fought	fought
find 찾다	found	found
fly 날다	flew	flown
forget 잊다	forgot	forgotten
get 얻다	got	got(ten)
give 주다	gave	given
go 가다	went	gone
grow 자라다	grew	grown
hang 매달다	hung	hung
have 가지다	had	had

현재	과거	과거분사
hear 듣다	heard	heard
hide 숨다, 숨기다	hid	hidden
hit 치다	hit	hit
hold 잡다, 유지하다	held	held
hurt 다치다, 다치게 하다	hurt	hurt
keep 지키다, 유지하다	kept	kept
know 알다	knew	known
lead 이끌다	led	led
leave 떠나다, 남기다	left	left
lend 빌려주다	lent	lent
let 시키다, 허용하다	let	let
lie 거짓말하다	lied	lied
lose 잃다, 지다	lost	lost
make 만들다	made	made
mean 의미하다	meant	meant
pay 지불하다	paid	paid
put 놓다	put	put
quit 그만두다	quit	quit
raise ~을 들어올리다	raised	raised
read 읽다	read	read
ride 타다	rode	ridden
ring 울리다	rang	rung
rise 오르다	rose	risen
run 뛰다, 운영하다	ran	run
say 말하다	said	said
see 보다	saw	seen
seek 찾다, 추구하다	sought	sought
sell 팔다	sold	sold
send 보내다	sent	sent
set 놓다, 배치하다	set	set
shake 흔들다	shook	shaken
shoot 쏘다	shot	shot
show 보여주다	showed	shown

현재	과거	과거분사
shut 닫다	**shut**	**shut**
sing 노래하다	**sang**	**sung**
sink 가라앉다	**sank**	**sunk**
sit 앉다	**sat**	**sat**
sleep 잠자다	**slept**	**slept**
speak 말하다	**spoke**	**spoken**
spend 소비하다	**spent**	**spent**
spread 퍼지다	**spread**	**spread**
steal 훔치다	**stole**	**stolen**
stick 찌르다	**stuck**	**stuck**
sweep 쓸다	**swept**	**swept**
swim 수영하다	**swam**	**swum**
swing 흔들다	**swung**	**swung**
take 취하다, 가져가다	**took**	**taken**
teach 가르치다	**taught**	**taught**
tear 찢다	**tore**	**torn**
tell 말하다	**told**	**told**
throw 던지다	**threw**	**thrown**
understand 이해하다	**understood**	**understood**
wear 입다	**wore**	**worn**
win 이기다	**won**	**won**
write 쓰다	**wrote**	**written**

Grammar build-up

Test 01 - Test 20

Test 01 인칭대명사와 be동사

A. 다음 문장에서 틀린 부분을 알맞게 고쳐 보세요.

1. She and I go to the same school. They are in the same class.

2. He favorite subject is English.

3. The sea of the bottom is very cold.

4. You know that. We all was too young at that time.

5. There is different kinds of games in the world.

B. 괄호 안에서 알맞은 것을 고르세요.

6. He and she are siblings, but [we / they] have very different characters.

7. It is not my bag. It's [his / him].

8. May 5th is [Children' / Children's] Day.

9. His little brother and I [is / are] close friends.

10. There [was / were] a lot of traffic.

Test 02 부정문과 의문문

A. 다음 문장에서 틀린 부분을 알맞게 고쳐 보세요.

1. He not is good at sports, but he tries very hard.

2. I don't washed the dishes and cleaned the living room yesterday.

3. What kinds of things is they?

4. Did you knew he is touring again?

5. Would you tell me what way the police station is?

B. 괄호 안에서 알맞은 것을 고르세요.

6. The man and wife [wasn't / weren't] sad because they could be together.

7. He [don't brushed / doesn't brush] his teeth as a daily routine.

8. Where [was / were] you during your working hours?

9. How much time [do / does] you need to finish the project?

10. [Who / Whose] treat is it this time?

Test 03 동사의 진행시제

A. 다음 문장에서 틀린 부분을 알맞게 고쳐 보세요.

1. I doing my part-time job at a convenience store.

2. Are living expenses increase nowadays?

3. We were listened to the speech then.

4. While my mother was cooking this morning, my sister weren't helping her.

5. They moving in October.

B. 괄호 안에서 알맞은 것을 고르세요.

6. A stranger is [jump / jumping] over the fence and [run / running] away.

7. She [is not / not is] waiting in front of the restaurant.

8. Two hours ago, he [was read / was reading] a book in his bed.

9. Were you [talked / talking] on the phone a while ago?

10. He is [always / sometimes] getting into other people's business.

Test 04 동사의 완료형

A. 다음 문장에서 틀린 부분을 알맞게 고쳐 보세요.

1. They know each other for many years.

2. I have just finish my homework. I can go and hang out outside.

3. Have you ever gone to China?

4. He was nervous because he has never made a speech in front of many people.

5. By then, he should have saved enough money.

B. 괄호 안에서 알맞은 것을 고르세요.

6. It [was / has been] rainy in Seoul since last week.

7. We [talked / have talked] about this for many days.

8. My sister [lived / has lived] in Canada 3 years ago.

9. When she got home, she realized that she [has / had] left her jacket in the restaurant.

10. People will have heard the news [by / for] this time tomorrow.

Test 05 문장의 구조(1, 2, 3형식)

A. 다음 문장에서 틀린 부분을 알맞게 고쳐 보세요.

1. It matter more than we think.

2. What time did you arrive the airport?

3. Our transportation systems are convenience.

4. The land remains untouch.

5. This book tells the ideal of the future wealth.

B. 괄호 안에서 알맞은 것을 고르세요.

6. Knowledge grows [like / likes] trees.

7. They disappeared [sudden / suddenly].

8. The situation stays [stable/ stably].

9. Your suggestion sounds [persuasive / persuasively].

10. They [discussed / discussed about] the world economy.

Test 06 문장의 구조(4, 5형식)

A. 다음 문장에서 틀린 부분을 알맞게 고쳐 보세요.

1. My boyfriend made I this necklace.

2. She bought a new dress to me.

3. Please do not allow this happen to you.

4. I heard them to whispering behind the curtain.

5. My father let me drives from our house to the store.

B. 괄호 안에서 알맞은 것을 고르세요.

6. The hotel offers [free lunch the guests / the guests free lunch].

7. He asked the same question [for / of] me.

8. The job keeps [I / me] busy.

9. It makes your car [better / well].

10. I had my car [fix / fixed].

Test 07 조동사

A. 다음 문장에서 틀린 부분을 알맞게 고쳐 보세요.

1. Music can changes the world.

2. All people will must protect endangered animals.

3. You will able to meet a lot of cartoon characters at the amusement park.

4. We must not think about it seriously. It's not so important.

5. Last Sunday, my father has to work late to finish the project.

B. 괄호 안에서 알맞은 것을 고르세요.

6. I [willn't / won't] ever do it again.

7. Your friend [not might / might not] like Korean food.

8. [May / Should] I see your passport?

9. He [has to / have to] save money to buy a new car.

10. You [don't have to / must not] worry about it anymore. We solved it yesterday.

Test 08 수동태

A. 다음 문장에서 틀린 부분을 알맞게 고쳐 보세요.

1. The article written by a famous writer.

2. Did the window broken by the boys?

3. The food can preserve for years.

4. It is be moved to the corner.

5. My brother was brought by my grandmother.

B. 괄호 안에서 알맞은 것을 고르세요.

6. The historic place [reconstructed / was reconstructed] in 2002.

7. His room [is not / not is] cleaned by him.

8. The work [will not / will not be] done unless you do it.

9. My bags [have checked / have been checked] three times.

10. Life is filled [with / by] ups and downs.

Test 09 관사와 명사

A. 다음 문장에서 틀린 부분을 알맞게 고쳐 보세요.

1. I feel so dizzy. I think I have the cold.

2. It's chilly in here. Can you close a window, please?

3. On a way home, I met my old coworker, Jane.

4. We will go to the seminar held in America by an airplane.

5. I could hear some noise at the midnight. It was really irritating.

B. 괄호 안에서 알맞은 것을 고르세요.

6. I lost my wallet, so I had to walk to the hotel on [a foot / foot].

7. A lot of [women / woman] want to have the same rights as men do.

8. There are plenty of [lake / lakes] in Canada.

9. Can I have two [cup / cups] of coffee and a [piece /pair] of cake?

10. Lots of [cities/ citys] have their own community rules.

Test 10 대명사

A. 다음 문장에서 틀린 부분을 알맞게 고쳐 보세요.

1. I adopted two kids. One is from Seoul and other is from Busan.

2. Some prefer going to the sea and other prefer going to a mountain.

3. This is so nice outside. Let's take a walk.

4. That is my cupcake. Give them to me.

5. How kind of costume do you want to wear on Halloween?

B. 괄호 안에서 알맞은 것을 고르세요.

6. [These / This] are my coworkers.

7. The size of this company is much bigger than [those / that] of ours.

8. I know [how / what] I will get for her for Christmas.

9. We really enjoyed [yourselves / ourselves] at the Christmas party.

10. He cleaned the whole apartment by [himself / herself].

Test 11 to 부정사

A. 다음 문장에서 틀린 부분을 알맞게 고쳐 보세요.

1. I've been so lazy lately. I need to starts exercising.

2. Have regular meals is the starting point to a healthy life.

3. Can I ask you what do first?

4. We should teach our kids how spend their pocket money wisely.

5. You need to prepare a book and a pen to write before the class.

B. 괄호 안에서 알맞은 것을 고르세요.

6. I'm cold. I need to have [something hot to drink / hot something to drink].

7. We will prepare the birthday party tonight [surprised / to surprise] our son tomorrow morning.

8. I was so surprised [to find / finding] the birthday present when I woke up.

9. I wore a ghost costume [to scare / to be scared] the kids.

10. They were frightened [seeing / to see] me in the ghost costume.

Test 12 동명사

A. 다음 문장에서 틀린 부분을 알맞게 고쳐 보세요.

1. My baby is sleep on the sofa now.

2. Can I ask you where the smoke area is?

3. This little black cat keeps come back to our house to get some food.

4. He really wants having a cat at his place.

5. I regret not finish this task last night.

B. 괄호 안에서 알맞은 것을 고르세요.

6. She remembered [having / to have] a good time with her friends in China last year.

7. I couldn't help [to laugh / laughing] at his joke.

8. She is looking forward to [be hired / being hired] by this company.

9. He is used to [going / go] to movies by himself.

10. I usually spend time [reading / to read] books on weekends.

Test 13 형용사와 부사

A. 다음 문장에서 틀린 부분을 알맞게 고쳐 보세요.

1. I think that this coat is way too cost.

2. We are so glad to have known these friend people for 5 years.

3. Still, there is a few hope about making their relationship better.

4. We have gone through so much problems in our company for a long time.

5. We blame never ourselves for not getting better results.

B. 괄호 안에서 알맞은 것을 고르세요.

6. He behaves so [kind / kindly] to the teachers that they like him a lot.

7. If they want to win this game, they need to run as [fast / fastly] as possible.

8. I [high / highly] recommend these delicious cookies to you.

9. Can you [pick me up / pick up me] on your way to work?

10. Don't [get me down / get down me].

Test 14 분사

A. 다음 문장에서 틀린 부분을 알맞게 고쳐 보세요.

1. The cat is eaten my pizza.

2. The guy plays the violin on the street is my boyfriend.

3. I need to get my computer fix.

4. This team will be more organize with the new manager.

5. Hang around with my friends, I felt much better.

B. 괄호 안에서 알맞은 것을 고르세요.

6. He was talking with his wife on the phone, [cooking / cooked] dinner for her.

7. I accidentally saw one couple [had / having] a big argument on the street.

8. I need to have my car [washed / wash].

9. [Frankly speaking / Frankly spoken], Jane and I are not that close to each other.

10. [Compared with / Comparing with] her situation, mine is actually not too bad.

Test 15 관계 대명사

A. 다음 문장에서 틀린 부분을 알맞게 고쳐 보세요.

1. This is my girlfriend whose works at the bank.

2. We will work with Joe whose is always a happy and outgoing person.

3. I like the book that writer is from France.

4. I know the girl who name is Lilly.

5. He kept suggesting the idea who I didn't like.

B. 괄호 안에서 알맞은 것을 고르세요.

6. Andy is the guy [whose / whom] I love the most.

7. He was the first guy [that / who] I could sincerely trust.

8. Someday, I want to live in New Zealand [that / whose] has good people and wonderful scenery.

9. She knows [that / what] I need now.

10. Do you understand [that / what] I mean?

Test 16 전치사

A. 다음 문장에서 틀린 부분을 알맞게 고쳐 보세요.

1. I woke up so early in this morning to exercise.

2. We will have a new member on November.

3. It takes one hour to walk through the trails in foot.

4. We will get together on front of Sam's house.

5. I have been working on this project during 2 hours.

B. 괄호 안에서 알맞은 것을 고르세요.

6. She suffered [from / to] insomnia.

7. This building was made [of / from] wood.

8. I will go to Australia [for / during] the Christmas season.

9. [Thanks to / Thanks for] the good people, a lot of dogs could be adopted from the shelter.

10. [In spite of / Although] the bad weather, they had to set up the tent for that night.

Test 17 비교급과 최상급

A. 다음 문장에서 틀린 부분을 알맞게 고쳐 보세요.

1. This game is excitinger than the other one.

2. My cold got more worse. I need to take medicine.

3. This is the bigest problem I've ever had in my life.

4. It is getting cold and colder in Canada.

5. You need to get home as sooner as possible.

B. 괄호 안에서 알맞은 것을 고르세요.

6. He is [much / very] bigger than normal babies.

7. She likes coffee [better / more] than tea.

8. He prefers staying home [to / than] going out on Saturday night.

9. It was one of the [most / more] difficult matches of his life.

10. This is smaller than any other [bookstores / bookstore].

Test 18 접속사

A. 다음 문장에서 틀린 부분을 알맞게 고쳐 보세요.

1. I like this painting and he doesn't.

2. It is important to practice both speaking or listening when you learn a foreign language.

3. He is neither my father or my uncle.

4. When I will get to the airport, she will be waiting there for me.

5. If she will be not there, I will get lost.

B. 괄호 안에서 알맞은 것을 고르세요.

6. Get up early, [and / or] you won't need to skip breakfast.

7. [Because / When] I saw him, he was concentrating on his toys.

8. [Because / When] I didn't wake up early, I had to take a taxi for the meeting.

9. My doctor recommended [that / what] I should take a rest during the weekend.

10. [In spite of / Even though] I traveled by myself, I had a lot of great experiences with new people.

Test 19 가정법

A. 다음 문장에서 틀린 부분을 알맞게 고쳐 보세요.

1. If this deal will go well, I will get a huge bonus.

2. We will be so much happier if you will work with us.

3. I wish I have such a cute dog.

4. He behaves as if he was a boss at this company.

5. Without her help, I can't move my luggage to the new place.

B. 괄호 안에서 알맞은 것을 고르세요.

6. If I [had / have] more time, I would be able to give you a better idea.

7. If you spent more time with your kids, they [would / will] be happier.

8. If they had hurried, they [could arrived / could have arrived] there on time.

9. If I [knew / had known] her phone number, I could have called her.

10. [Without / Had it not been for] this money, I could not pay the rent.

Test 20 기타 다양한 문장들

A. 다음 문장에서 틀린 부분을 알맞게 고쳐 보세요.

1. I does love my family.

2. It is you which Sam loves right now.

3. Does the dishes, or your wife will be angry at you.

4. She likes your present, does she?

5. They are your kids, are they?

B. 괄호 안에서 알맞은 것을 고르세요.

6. [If / Unless] you don't do your homework, you will be punished by your teacher.

7. [How / What] nice weather it is!

8. [How / What] kind you are!

9. On the desk [is / are] so many books.

10. Can I borrow your pen? – Here [it is / is it].

Answers

Practice Answers
Test Answers

Practice Answers

Part 01

We study English. 인칭대명사와 be동사

Unit 01

We study English. 인칭대명사와 격 변화

A. 1. **It** 한국에 오세요. 한국은 멋진 나라입니다.
2. **He** 김씨는 곧 구직 면접이 있다. 그는 긴장하고 있다.
3. **them** 나는 사과를 좋아한다. 그녀도 사과를 좋아한다.
4. **Her** 그녀의 부모님은 서울에 살고 계신다. 그녀는 부모님을 주말마다 방문한다.

B. 1. **We, our** 그녀와 나는 같은 학교에 다닌다. 우리는 우리 학교가 좋다.
2. **They** 그와 그녀는 파티에 간다. 그들은 들떠있다.
3. **We** 나는 너와 내가 가장 친한 친구가 되기를 소망해. 우리는 좋은 친구가 될 수 있을 거야.
4. **you** 너와 그는 오랜 친구잖아. 너희들 어제 왜 싸웠니?

Unit 02

Mine is not working. 소유격과 소유대명사

A. 1. **hers** 이 부츠는 그녀의 것이다.
2. **ours, their** 그 문제는 우리 문제가 아니다. 그것은 그들의 문제이다.
3. **your, mine** 그것은 너의 책이다. 그것은 내 것이 아니다.
4. **My, hers** 나의 머리 색은 검은색이고 그녀의 머리 색은 연한 갈색이다.

B. 1. **Whose computer, hers**
A: 이 컴퓨터는 누구 것이니? B: 그것은 그녀의 것이야.
2. **Whose pants, his**
A: 이 바지는 누구 것이니? B: 그것은 그의 것이야.
3. **Whose bags, theirs**
A: 저 방에 있는 가방들은 누구 것이니?
B: 아마도 그것들은 그들의 것일 거야.
4. **Whose umbrella, mine**
A: 이 우산은 누구 것이니? B: 그것은 내 것이야.

Unit 03

It's Jane's. 명사의 소유격

A. 1. **uncle's** 2. **Suji's**
3. **girls'** 4. **my parents'**

B. 1. **the top of the building** 저 건물 꼭대기 좀 봐봐.
2. **the bottom of the sea** 그 배는 바다 밑바닥으로 가라앉았다.
3. **the name of the song** 나는 그 노래의 제목이 기억 안 난다.
4. **the title of the movie** 그 영화 제목이 뭐죠?

Unit 04

I am happy. 주어와 be동사

A. 1. **are** 그와 그녀는 서로 친하다.
2. **is** 내 사촌은 캐나다 출신이다.
3. **was** 그녀는 5년 전에 가수였다.
4. **were** 우리 그 당시 피곤한 상태였다.

B. 1. **I'm only a beginner.** 저는 단지 초보자예요.
2. **You're so beautiful.** 당신은 참 아름답군요.
3. **They're close friends.** 그들은 친한 친구들이다.
4. **She's kind to everyone.** 그녀는 모두에게 친절하다.

Unit 05

She is in the park. There be ~있다

A. 1. 나의 부모님께서는 옆방에 계신다.
2. 그녀는 그 당시 그녀의 방에 있지 않았다.
3. 시간이 얼마 남지 않았다.
4. 어제 도로에 차가 많았다.
5. 시장에 사람들이 많아?

B. 1. **There was** 어제 밤에는 시간이 충분치 않았다.
2. **Is there** 컵에 물이 있나요?
3. **There is** 집 근처에 영화관 하나가 있다.
4. **There are** 선반 위에 많은 책이 있다.
5. **There were** 어제는 수업이 없었다.

Writing

1. I, them 2. My bag, hers
3. We, winners 4. the title, the book
5. is, are 6. There, is

Part 02

I am not sad. 부정문과 의문문

Unit 06

I am not sad. be동사의 부정형

A. 1. **The bag is not(isn't) very expensive.** 그 가방은 매우 비싸. → 그 가방은 매우 비싸지는 않다.
2. **I am not(I'm not) good at math.** 나는 수학을 잘한다. → 나는 수학을 못한다.
3. **They were not(weren't) late for school.** 그들은 학교에 늦었다. → 그들은 학교에 늦지 않았다.

4. **Her book is not(isn't) blue.** 그녀의 책은 파란색이다. → 그녀의 책은 파란색이 아니다.

B. 1. **She's not(She isn't) from England.** 그녀는 영국 출신이 아니다.
2. **My books aren't easy.** 내 책들은 쉽지 않다.
3. **He wasn't 20 years old.** 그는 20살이 아니었다.
4. **We're not(we aren't) students.** 우리는 학생들이 아니다.

Unit 07

I don't like it. 일반동사의 부정문

A. 1. **I do not(don't) like to go shopping.** 나는 쇼핑 가는 것을 좋아한다. → 나는 쇼핑 가는 것을 좋아하지 않는다.
2. **She does not(doesn't) walk to school.** 그녀는 걸어서 학교에 간다. → 그녀는 걸어서 학교에 가지 않는다.
3. **We did not(didn't) watch a movie last night.** 우리는 어젯밤에 영화를 보았다. → 우리는 어젯밤에 영화를 보지 않았다.
4. **They did not(didn't) come to see me yesterday.** 그들은 어제 나를 보러 왔다. → 그들은 어제 나를 보러 오지 않았다.

B. 1. **don't live** 나의 부모님께서는 한국에서 살고 계시지 않으시다.
2. **doesn't talk** 그는 말을 많이 하지 않는다.
3. **don't go** 나의 여동생과 나는 주말에 밖에 나가지 않는다.
4. **didn't help** 그녀는 어제 나를 도와주지 않았다.

Unit 08

Are you ok? be동사의 의문문

A. 1. **Is it warm outside?** 밖은 따뜻하다. → 밖은 따뜻하니?
2. **Were they nice to you?** 그들은 너에게 잘 대해줬다. → 그들은 너에게 잘 대해줬니?
3. **Was the music interesting?** 그 음악은 재미있었다. → 그 음악은 재미있었니?
4. **Are they happy with the result?** 그들은 그 결과에 기뻐한다. → 그들은 그 결과에 기뻐하니?

B. 1. **Yes, she is. / No, she isn't.**
그녀는 친절하니? 응, 친절해. / 아니, 친절하지 않아.
2. **Yes, I am. / No, I am not.**
너는 떨리니? 응, 떨려. / 아니, 안 떨려.
3. **Yes, I was. / No, I wasn't.**
너는 그 소식에 놀랐니? 응, 놀랐어. / 아니, 안 놀랐어.
4. **Yes, he was. / No, he wasn't.**
김 선생님은 댄서였니? 응, 댄서였어. / 아니, 댄서가 아니였어.

Unit 09

Do you like spicy food? 일반동사의 의문문

A. 1. **Does he practice it every weekend?** 그는 그것을 매주 연습한다. → 그는 그것을 매주 연습하니?
2. **Do many people watch TV at night?** 많은 사람들은 밤에 TV를 본다. → 많은 사람들은 밤에 TV를 보니?
3. **Did her friends talk about the news?** 그녀의 친구들은 그 소식에 대해 이야기했다. → 그녀의 친구들이 그 소식에 대해 이야기했니?
4. **Did you make this toy?** 네가 이 장난감을 만들었다. → 네가 이 장난감을 만들었니?

B. 1. **Yes, they do. / No, they don't.** 많은 사람들이 그에게 인사하니? 응, 해. / 아니, 안 해.
2. **Yes, he does. / No, he doesn't.** 그에게 아이가 있니? 응, 있어. / 아니, 안 없어.
3. **Yes, I did. / No, I didn't.** 너는 오늘 아침에 일찍 일어났니? 응, 그랬어. / 아니, 안 그랬어.
4. **Yes, they did. / No, they didn't.** 그들은 어제 그를 만났니? 응, 만났어. / 아니, 안 만났어.

Unit 10

Who is he? 의문사가 있는 be동사의 의문문

A. 1. **Whose** A: 이 펜들은 누구 꺼야? B: 그 펜들은 그녀의 것이야.
2. **Which** A: 어느 것이 더 크니, 사자와 호랑이 중에서? B: 호랑이가 더 커.
3. **Why** A: 그는 왜 결석했니? B: 그는 아팠어.
4. **How** A: 오늘 기분이 어때? B: 아주 좋아.

B. 1. **What is your favorite color?** A: 어떤 색을 가장 좋아하니? B: 내가 제일 좋아하는 색깔은 초록색이야.
2. **When is his wedding anniversary?** A: 그의 결혼기념일은 언제니? B: 그의 결혼기념일은 9월이야.
3. **How much is it?** A: 그것은 얼마니? B: 그것은 5,000원이야.
4. **How old are you?** A: 너는 몇 살이니? B: 나는 15살이야.

Writing

1. am, not, sure
2. were, not, satisfied
3. didn't, have
4. Is, she
5. Did, work
6. When, is

Part 03

I am working now. 동사의 진행시제

Unit 11
I am working now. 현재진행형

A. 1. arriving 2. beginning
3. tying 4. stopping
5. watching 6. writing
7. seeing 8. shopping

B. 1. is studying 내 아들은 도서관에서 열심히 공부하고 있다.
2. are watering 그녀의 조부모님께서는 정원에서 식물에 물을 주고 계시다.
3. am playing 나는 친구들과 농구를 하고 있다.
4. are flying 풍선들이 하늘 높이 날아 오르고 있다.
5. are washing 우리는 설거지를 하는 중이다.

Unit 12
I am not writing a letter. 현재진행형의 부정문과 의문문

A. 1. What are you doing? A: 너는 뭐하고 있는 중이니? B: 나는 숙제를 하고 있는 중이야.
2. What is he doing? A: 그는 무엇을 하고 있니? B: 그는 그녀의 차를 고치고 있어.
3. What are they doing? A: 그들은 무엇을 하고 있니? B: 그들은 노래를 부르고 있어.
4. Are you reading a book? A: 너는 책 읽는 중이야? B: 응, 그래. 나는 책 읽는 중이야.
5. Is he riding a bike? A: 그는 자전거를 타고 있니? B: 아니, 안 그래. 그는 자전거를 타고 있지 않아.

B. 1. am not looking for
2. are not('re not/aren't) practicing
3. are not running
4. is not(isn't) doing

Unit 13
I was helping my mom. 과거진행형

A. 1. was watching 나의 가족은 어제 밤에 함께 연속극을 보고 있었다.
2. were having 그들은 지난 주말에 파티를 하고 있었다.
3. was sending 세호는 그녀에게 문자 메시지를 보내고 있었다.
4. were listening 우리는 교실에서 음악을 듣고 있었다.

B. 1. He was riding a motorcycle at that time.
그는 그 당시에 오토바이를 탔어. → 그는 그 당시에 오토바이를 타는 중이었어.
2. We were following him in the distance.
우리는 거리를 두고 그를 따라갔어. → 우리는 거리를 두고 그를 따라가고 있었어.
3. She was doing her homework.
그녀는 그녀의 숙제를 했어. → 그녀는 그녀의 숙제를 하고 있던 중이었어.
4. They were cleaning the room in the morning.
그들은 아침에 방을 청소했어. → 그들은 아침에 방을 청소하고 있던 중이었어.

Unit 14
I wasn't reading a text message. 과거진행형의 부정문과 의문문

A. 1. was not(wasn't) exercising
2. were not(weren't) walking
3. were not(weren't) eating
4. was not(wasn't) talking

B. 1. Who(m) were you talking to? A: 너는 누구랑 이야기 중이었어? B: 나는 내 여자친구에게 말하는 중이었어.
2. What were you talking about? A: 너희들 무슨 이야기 하던 중이었어? B: 우리는 그의 승진에 대해서 이야기 하던 중이었어.
3. What was he doing? A: 그는 무엇을 하고 있었어? B: 그는 그 당시 방을 청소하고 있었어.
4. Were you studying math yesterday? A: 너는 어제 수학공부를 하고 있었어? B: 응, 그래. 나는 어제 수학을 공부하고 있었어.

Unit 15
We are moving out this Sunday. 진행형과 부사표현

A. 1. are you meeting him 2. is playing soccer
3. are watching TV 4. are having dinner

B. 1. 내가 여기서 일했을 때, 항상 실수를 했었어.
2. 그는 항상 같은 것만 말한다니까.
3. 너는 항상 열쇠를 잃어버리고 다닌단 말이지.
4. 우리 엄마는 허구한 날 나한테 공부이야기만 한다.

Writing

1. are using wind 2. were taking a nap
3. was not fixing 4. Where were, going
5. are moving 6. is always coming

Part 04

I have just arrived. 동사의 완료형

Unit 16
I have just arrived. 현재완료

A. 1. **have written**
2. **have lived**
3. **has lost**
4. **has worked**

B. 1. 너는 혼자서 이것을 끝냈다.
부정문: **You haven't finished this by yourself.**
너는 혼자서 이것을 끝내지 못했다.
의문문: **Have you finished this by yourself?**
이걸 혼자서 끝낸 거니?
2. 그들은 오랫동안 서로 알고 지냈다.
부정문: **They haven't known each other for many years.** 그들은 오랫동안 알고 지낸 사이는 아니다.
의문문: **Have they known each other for many years?** 그들은 서로 오랫동안 알고 지냈나요?
3. 그들은 그 사고에 대해 들은 적 있다.
부정문: **They haven't heard about the accident.**
그들은 그 사고에 대해 못 들어 봤다.
의문문: **Have they heard about the accident?**
그들은 그 사고에 대해 들어봤니?
4. 그는 그녀를 전에 만나 본적이 있다.
부정문: **He hasn't met her before.**
그는 그녀를 전에 만나 본적이 없다.
의문문: **Has he met her before?**
그는 그녀를 전에 만나 본적이 있나요?

Unit 17
We have worked here for ten years. 현재완료의 의미

A. 1. **has, left** 런던 행 비행기가 이미 떠났다.
2. **have, been** 그들은 한번도 제주도에 가본 적이 없다.
3. **has, ended** 그 회의는 방금 막 끝났다.
4. **have ridden** 나는 전에 코끼리를 타본 적이 있다.

B. 1. 고등학교에서 만난 이후 나는 메리와 가장 친한 친구로 지내오고 있다.
2. 태국음식을 먹어 본 적 있니?
3. 데이빗은 그의 시계를 분실해서 지금 없다.
4. 버스가 막 도착했다.

Unit 18
I have studied English for 5 years. 과거시제와 현재완료

A. 1. **did he move** 그는 언제 런던으로 이사 갔니?
2. **built** 나의 할아버지께서는 2010년에 우리 집을 지으셨다.
3. **have, finished** 나는 이 소설책을 한번도 다 읽어 본 적이 없다.
4. **has not, eaten** 그녀는 어제 이후로 아무것도 먹지 않았다.

B. 1. **They didn't go to work 2 days ago.** 그들은 이틀 전에 일하러 가지 않았다.
2. **She visited her grandparents in 2012.** 그녀는 2012년에 조부모님 댁을 방문했다.
3. **I haven't used my car since last year.** 나는 작년부터 내 자동차를 사용하지 않고 있다.
4. **We have been married for 10 years.** 우리는 결혼한지 10년이 되었다.

Unit 19
They had already left when I got there. 과거완료

A. 1. **had taken off** 내가 역에 도착했을 때 기차는 이미 떠난 상태였다.
2. **had, been** 그는 20살이 될 때까지 한 번도 뉴욕에 가 본적이 없었다.
3. **had studied** 내가 도쿄에 갔을 때 나는 5년 동안 일본어를 공부해온 상태였다.
4. **had given** 우리는 그들이 우리에게 주었던 그 기계를 팔았다.
5. **had lived** 그녀는 도시로 이사하기 전까지 시골에서 살았다.

B. 1. **had bought** 나는 아빠가 나에게 사준 펜을 잃어버렸다.
2. **had fallen** 그녀가 방에 들어갔을 땐 남편이 잠든 상태였다.
3. **had lived** 소라는 결혼하기 전에 혼자 살고 있었다.
4. **knew, had met** 우리는 세호를 알고 있었는데 많이 만났었기 때문이다.

Unit 20
He will have arrived there by 2 p.m. 미래완료

A. 1. **will have changed**
2. **will have been**
3. **will have perfected**

B. 1. 네가 이 편지를 읽게 될 때쯤이면 나는 이미 떠나고 없을 거야.

2. 내일이면 우리의 결혼 생활도 10년째 접어들게 된다.
3. 그는 그때까지는 내 컴퓨터를 고쳐놓을 것이다.
4. 그들은 2시까지는 그 소포를 배달해놓을 것이다.

Writing

1. has fallen
2. have solved, so far(until now)
3. have known each other
4. since then
5. had waited
6. will have finished

Part 05

Flowers grow. 문장의 구조(1, 2, 3형식)

Unit 21
Flowers grow. 1형식 문장

A. 1. (O) 그 소녀들은 쉰다.
2. (X) 그녀는 ~을 가지고 있다.
3. (X) 나는 ~을 읽는다.
4. (X) 그는 ~이다.
5. (O) 모두가 돌아왔다.

B. 1. **They stay.**
2. **She disappeared.**
3. **They started.**
4. **The earth revolves.**
5. **History repeats.**

Unit 22
Birds sing beautifully. 1형식 문장 늘리기

A. 1. **in the east** 태양은 동쪽에서 떠오른다.
2. **at the park** 그 작은 아이들은 공원에서 놀았다.
3. **before 3 o'clock** 그는 3시 전에 도착했다.
4. **fast** 수지는 빨리 달린다.

B. 1. **I go to my school.** 나는 학교에 간다.
2. **We run to his house.** 우리는 그의 집으로 뛰어 간다.
3. **He drives once a week.** 그는 일주일에 한번 운전한다.
4. **The man lives in Seoul.** 그 남자는 서울에서 산다.

Unit 23
I am the first runner. 2형식 문장

A. 1. They are happy. 그들은 행복하다.
주어 / 보어
2. He became a great scientist.
주어 / 보어
그는 훌륭한 과학자가 되었다.
3. She is a doctor. 그녀는 의사이다.
주어 / 보어
4. My dream didn't come true.
주어 / 보어
내 꿈은 이루어지지 않았다.
5. He looks sad. 그는 슬퍼 보인다.
주어 / 보어

B. 1. **He is not poor.** 그는 가난하지 않다.
2. **He and I became close to each other.** 그와 나는 서로 가까운 사이가 되었다.
3. **The chicken soup went bad.** 닭고기 수프는 상했다.
4. **The leaves become red and yellow.** 나뭇잎들은 빨갛고 노랗게 된다.
5. **He is a firefighter.** 그는 소방관이다.

Unit 24
The movie became boring. 2형식 동사

A. 1. **happy** 그 어린 소년은 행복해 보인다.
2. **quiet** 우리는 도서관에서 조용히 해야 한다.
3. **red** 그녀의 얼굴이 붉게 변했다.
4. **sweet** 초콜릿은 달콤한 맛이 난다.
5. **good** 좋은 냄새가 났다.

B. 1. 1형식 태양은 동쪽에서 떠오른다.
2. 1형식 우리는 도서관에서 조용히 이야기했다.
3. 2형식 나의 아버지께서는 지난 일요일에 기분이 나빴다.
4. 2형식 그녀는 슬퍼 보인다.
5. 1형식 그 도둑은 사라졌다.

Unit 25
I like you. 3형식 문장

A. 1. **pizza** 우리는 점심으로 피자를 먹을 거야.
2. **him** 나는 어제 밤 그를 만났다.
3. **a new car** 그 남자는 새 차를 샀는데 비싸지 않았다.
4. **a model plane** 그들은 미술 숙제로 모형 비행기를 만들었다.
5. **money** 그는 조금씩 돈을 모은다.

B. 1. 보어 내가 주인입니다.
2. 목적어 요리사는 소금이 필요하다.
3. 보어 가격은 2만 5천원이다.
4. 목적어 그는 그녀에게 편지를 보냈다.
5. 목적어 우리는 도움이 되는 정보를 가지고 있다.

Writing

1. disappeared
2. is, happy
3. became famous
4. sour
5. flows
6. need, help

Part 06

He gave me flowers.

문장의 구조(4, 5형식)

Unit 26

He gave me flowers. 4형식 문장

A. 1. Pass me the salt please. 소금 좀 건네주세요.
간접목적어 직접목적어
2. My parents showed us a big picture.
간접목적어 직접목적어
부모님께서는 우리에게 큰 그림을 보여주셨다.
3. You should leave your brother some cake.
간접목적어 직접목적어
너는 너의 동생에게 케이크를 조금 남겨줘야 한다.
4. My boyfriend sang me his own song.
간접목적어 직접목적어
내 남자친구는 나에게 그가 만든 노래를 불러주었다.

B. 1. **Someone sent me this message.** 누군가 나에게 이 메시지를 보냈다.
2. **The boss offers him a better deal.** 그 사장은 그에게 더 나은 거래를 제시한다.
3. **This book tells us the story.** 이 책은 우리에게 이야기를 말해준다.
4. **He brought her the book.** 그는 그녀에게 그 책을 가져다주었다.

Unit 27

He gave flowers to me. 4형식을 3형식으로(강조)

A. 1. **I gave some food to my kid.** 나는 내 아이에게 약간의 음식을 주었다.
2. **My mother bought a nice jacket for me.** 우리 엄마는 나에게 좋은 재킷을 사줬다.
3. **The manual book teaches the skill to us.** 이 매뉴얼 책은 우리에게 기술을 가르쳐준다.
4. **He asked a difficult question of me.** 그는 나에게 어려운 질문을 했다.

B. 1. **for** 내 여동생은 나를 위해 저녁을 요리해 주었다.
2. **of** 당신에게 질문을 하나 해도 될까요?
3. **to** 이 선생님께서는 우리에게 영어를 가르쳐주신다.
4. **for** 우리 아빠는 내 남동생에게 장난감을 사주셨다.

Unit 28

I found it easy. 5형식 문장

A. 1. We elected him class president.
목적어 목적격보어
우리는 그를 학급 반장으로 뽑았다.
2. She believes them to be honest.
목적어 목적격보어
그녀는 그들이 정직하다고 믿는다.
3. You should keep your hands clean.
목적어 목적격보어
너는 너의 손을 깨끗이 해야 한다.
4. Delicious food makes us happy.
목적어 목적격보어
맛있는 음식은 우리를 행복하게 만든다.

B. 1. **5형식** 그 사고가 그를 슬프게 했다.
2. **4형식** 나는 그녀에게 선물 하나를 보냈다.
3. **4형식** 데니스는 그의 딸에게 인형을 사주었다.
4. **5형식** 우리는 이 책이 재미있다고 생각했다.

Unit 29

They call her princess. 목적격보어의 종류 I

A. 1. **to study**
2. **honest**
3. **to call**
4. **king**

B. 1. **I found his advice helpful.** 나는 그의 충고가 도움이 된다는 것을 알게 됐다.
2. **He called me a fool.** 그는 나를 바보라고 불렀다.
3. **The doctor advised me to rest.** 의사는 나에게 쉬라고 충고했다.
4. **I ordered him to start early.** 나는 그에게 일찍 시작하라고 명령했다.

Unit 30

My father let me drive. 목적격보어의 종류 II

A. 1. **to sleep → sleep / sleeping** 나는 한 남자가 자고 있는 것을 보았다.
2. **do → to do** 그들은 그에게 그것을 하라고 요청했다.
3. **to shout → shout / shouting** 우리는 그가 도와달라고 소리치는 것을 들었다.
4. **crossed → cross / crossing** 나는 그가 그 길을 건너는 것을 보았다.
5. **finish → finished** 나는 내 숙제를 끝마쳤다.

B. 1. **sing** 그들은 그 당시에 누군가 노래를 부르는 것 같은 느낌을 받았다.
2. **laughing** 나는 길거리에서 너의 웃음소리를 들었어.
3. **fixed** 그는 그의 차를 수리했다.
4. **painted** 그 인부는 집에 페인트 칠이 되도록 했다.
5. **to stay** 나는 그가 여기에 나와 함께 머무르기를 원한다.

Writing

1. a gift, her
2. her a gift
3. us delicious food
4. me comfortable
5. advised, to do
6. saw, cross / crossing

Part 07

Can you drive? 조동사

Unit 31

May I start now? 조동사의 종류와 특징

A. 1. **You may start now.** 나는 피아노를 칠 수 있다.
2. **Ann will help you** 앤은 네가 요청하면 도와줄 거야.
3. **You may go outside** 네가 숙제를 끝내면 나가도 좋아.
4. **We must hurry up** 우리가 제시간에 기차를 타려면 반드시 서둘러야 해.

B. 1. **joins → join** 이 씨도 오늘 우리와 점심을 함께 할 거야.
2. **cans → can** 나의 남동생은 3개 국어를 할 수 있다.
3. **will must → will or must** 그들이 그 문제를 해결할 거야. / 그들은 그 문제를 해결해야만 해.
4. **keep should → should keep** 너는 일정을 따라야 해.

Unit 32

I can see your point can과 could

A. 1. 허가 너는 내 컴퓨터를 사용해도 좋아.
2. 추측 그는 지금 피곤할 리 없어. 그는 집에서 아무것도 안 하고 있어.
3. 능력 그녀는 겨우 시간에 맞춰서 그 보고서를 제출할 수 있었어.
4. 요청 한번 만 더 천천히 말씀해 주시겠어요?

B. 1. **Could you visit**
2. **couldn't see**
3. **can understand**
4. **can't be**

Unit 33

I will do my best. will과 would

A. 1. **Will, join** 오늘은 금요일이다. 나랑 오늘 저녁에 술 한잔 할래?
2. **won't make** 데이빗은 꼼꼼한 사람이야. 그는 실수하지 않을 거야.
3. **will show** 내가 이 폰으로 어떻게 문자를 보내는지 너에게 보여줄게.
4. **won't pass** 다빈이는 열심히 공부하지 않았어. 나는 그녀가 시험에 통과하지 못할 거라 확신해.

B. 1. **우리 가족은 조부모님 댁을 방문하곤 했다.**
2. **내 친구를 위해 공간을 좀 만들어주실 수 있을까요?**
3. **그녀는 늘 커피 한 잔으로 하루를 시작하곤 했지.**
4. **나는 이 가방을 사고 싶어.**

Unit 34

She may be right. may와 might

A. 1. 허가 화장실 좀 써도 될까요?
2. 추측 오늘 밤 그는 술을 많이 마실지도 몰라.
3. 허가 너는 우리와 함께 가도 좋아.
4. 추측 조는 우리와 가지 않을 수도 있어.

B. 1. **May I ask**
2. **may/might not finish**
3. **may/might not be**
4. **may/might call**

Unit 35

You must do it right now. must, have to, should

A. 1. **had to** 그는 지난 금요일에 파티에 참석해야만 했다.
2. **must** 그녀는 내 전화를 받지 않는다. 나한테 화나있는 것이 분명하다.
3. **don't have to** 너는 서두를 필요가 없어. 우리는 충분한 시간이 있어.
4. **have to** 그들도 다른 사람들처럼 줄을 서서 기다려야만 할 것이다.

B. 1. **should/must not eat**
2. **had to take**
3. **must be**
4. **don't have to finish**

Writing

1. can do
2. can / may come in
3. will not lend
4. would take care of
5. don't have to go
6. must be

Part 08

The vase was broken. 수동태

Unit 36
The vase was broken. 수동태의 기본형

A. 1. **능동태** 학생들은 방과후에 교실을 청소한다.
 2. **수동태** 그 교실은 방과후에 학생들에 의해 청소된다.
 3. **능동태** 콜럼버스는 미국을 1492년에 발견했다.
 4. **수동태** 미국은 1492년에 콜럼버스에 의해 발견되었다.

B. 1. **are watered** 꽃들은 우리 부모님에 의해 매주 물이 주어진다.
 2. **were** 우리는 어제 그 파티에 초대되었다.
 3. **are** 그릇들은 우리 엄마에 의해 설거지된다.
 4. **by** 많은 돈이 그에 의해 지불되었다.

Unit 37
The window was not broken by him. 수동태의 부정문과 의문문

A. 1. **is not grown** 커피는 추운 나라에서 재배되지 않는다.
 2. **are not made** 이 자동차들은 중국제품이 아니다.
 3. **were not washed** 이 그릇들은 내 남동생이 설거지한 것이 아니었다.
 4. **Were these books made** 이 책들은 그 작가가 썼던 거니?

B. 1. 많은 일이 젊은 노동자들에 의해 끝내졌다.
 부정문: **Much of the work was not done by the young workers.** 많은 일이 젊은 노동자들에 의해 끝내지지 못했다.
 의문문: **was Much work done by the young workers?** 많은 일들이 젊은 노동자들에 의해 끝내졌니?
 2. 이 좋은 시는 잭에 의해 쓰여졌다.
 부정문: **This nice poem was not written by Jack.** 이 좋은 시는 잭에 의해 쓰여지지 않았다.
 의문문: **Was this nice poem written by Jack?** 이 좋은 시는 잭에 의해 쓰여졌니?
 3. 이 빌딩은 그에 의해서 지어졌다.
 부정문: **This building was not built by him.** 이 빌딩은 그에 의해 지어지지 않았다.
 의문문: **Was this building built by him?** 이 빌딩은 그에 의해서 지어졌니?
 4. 이 메일은 그녀에 의해 보내졌다.
 부정문: **This email was not sent by her.** 이 이메일은 그녀에 의해 보내지지 않았다.
 의문문: **Was this email sent by her?** 이 메일은 그녀에 의해 보내졌니?

Unit 38
A snowman is being made by them. 진행형과 완료형 수동태

A. 1. **is being prepared**
 2. **are being painted**
 3. **have been solved**
 4. **has been broken**
 5. **have been collected**

B. 1. **The house was being painted by them.**
 그들은 그 집을 페인트 칠하는 중이었다. → 그 집은 그들에 의해 페인트 칠이 되는 중이었다.
 2. **A cup of coffee is being drunk by her.**
 그녀는 커피 한잔을 마시는 중이다. → 커피 한잔은 그녀에 의해 마셔지는 중이었다.
 3. **A heavy bag is being carried by the little boy.**
 작은 소년은 무거운 가방을 메고 있다. → 무거운 가방은 작은 소년에 의해 메어지는 중이었다.
 4. **All the problems have been solved by us.**
 우리는 모든 문제를 풀었다. → 모든 문제는 우리에 의해 풀렸다.
 5. **Poor neighbors have been helped by him for many years.**
 그는 가난한 이웃들을 다년간 돕고 있다. → 가난한 이웃들은 그에 의해 다년간 도움을 받고 있다.

Unit 39
The books will be written by him. 미래형과 조동사 수동태

A. 1. **may be locked**
 2. **Will, be tested**
 3. **should be obeyed**
 4. **must not be parked**
 5. **will not be changed**

B. 1. **This math problem will not be solved by her.**
 그녀는 이 수학 문제를 해결하지 않을 것이다. → 이 수학 문제는 그녀에 의해 해결되지 않을 것이다.
 2. **The item must be bought by them.**
 그들은 그 물품을 사야만 한다. → 그 물품은 그들에 의해 구입되어야 한다.
 3. **My decision will not be changed by me any time soon.**
 나는 빠른 시간 내에 결정을 바꾸지는 않을 거야. → 내 결정은 빠른 시간 내에 바뀌지 않을 것이다.
 4. **The project may not be finished by him.**
 그는 그 프로젝트를 끝내지 못할 수도 있다. → 그 프로젝트는 그에 의해 끝내지지 않을 수도 있다.

Unit 40
I am interested in music. 동사구의 수동태와 전치사

A. 1. **He is taken care of by her.** 그녀는 그를 돌본다. → 그는 그녀에 의해 돌봐진다.
   2. **The cat is being looked for by the owner.** 주인은 고양이를 찾는 중이다. → 고양이는 주인에 의해 찾아지는 중이다.
   3. **The man is looked down on (by everyone).** 모두가 그 남자를 얕본다. → 그 남자는 모두가 깔본다.
   4. **She is looked up to by all her friends.** 그녀의 모든 친구들은 그녀를 우러러 본다. → 그녀의 모든 친구들이 그녀를 우러러 본다.

B. 1. **at / by** 그들은 그 소식에 놀라 한다.
   2. **in** 나는 수학에 흥미가 없다.
   3. **with** 수미는 그 선물에 기쁘다.
   4. **about** 그녀는 그녀의 미래에 대해 걱정하지 않는다.
   5. **with** 남극은 얼음으로 덮여있다.

Writing

1. is, used
2. was painted by
3. will be finished
4. is being written
5. has been sold
6. is supposed to

Part 09
I caught a cold. 관사와 명사

Unit 41
I caught a cold. 부정관사

A. 1. **an** 탁자 위에 오렌지가 하나 있다.
   2. **a** 슈퍼 근처에 은행이 하나 있다.
   3. **An** 영어 선생님은 항상 매우 행복해 보인다.
   4. **an** 집 청소를 끝내는데 1시간이 걸린다.
   5. **a** 그녀는 독감에 걸렸다.

B. 1. **a → an** 이것은 흥미로운 이야기이다.
   2. **dog → a dog** 나는 개 한 마리와 고양이 한 마리를 키운다.
   3. **the → a** 책은 치통이 있다.
   4. **a → an** 너는 오늘 우산이 필요하다.
   5. **an → a** 나는 내 여자친구를 위한 멋진 선물을 샀다.

Unit 42
He likes to play the cello. 정관사

A. 1. **the** 그녀는 바이올린을 연습하는데 많은 시간을 보낸다.
   2. **the** 문 좀 열어 주세요.
   3. **the** 그는 우리 도시에서 가장 유명한 사람이다.
   4. **the** 이것은 세계에서 가장 큰 건물이다.
   5. **the** 집에 오는 길에 고양이를 한 마리 보았다.

B. 1. **a → the** 나는 보통 아침에 일찍 일어난다.
   2. **a → the,** 널 여기서 봐서 좋다. 그런데 너 지금 어디 가는 중이니?
   3. **a → the** 집에 가는 길에 나는 션과 줄리를 만났다.
   4. **a → the** 그는 가족 내에서 첫번째 아이이다.
   5. **an → the** 나는 저녁에 책 읽는 것을 좋아한다.

Unit 43
I go to work by bus. 관사를 사용하지 않는 표현

A. 1. **dinner**
   2. **winter**
   3. **baseball**
   4. **English and math**

B. 1. **goes to the bed → goes to bed** 그녀는 항상 밤 11시에 잠자리에 든다.
   2. **after a school → after school** 나는 방과 후 친구들과 어울렸다.
   3. **on the foot → on foot** 잭은 걸어서 교회에 갔다.
   4. **a side by side → side by side** 그들은 나란히 앉았다.

Unit 44
Mason has a lot of toys. 셀 수 있는 명사

A. 1. **pencils** 탁자 위에 많은 연필이 있다.
   2. **brothers, sisters** 당신은 남자형제나 여자자매가 있나요?
   3. **babies** 저 아기들은 너무 사랑스럽다.
   4. **knives** 나는 이 칼들이 마음에 들지 않아요. 다른 것 있나요?

B. 1. **deer** 산에는 많은 사슴이 있다.
   2. **women** 우리 회사에는 많은 여자들이 있다.
   3. **toothbrush** 나는 새 칫솔을 살 필요가 있다.
   4. **church** 우리 지역에는 교회가 하나 있다.

Unit 45
There are interesting things in Busan. 셀 수 없는 명사

A. 1. **a cup of coffee**
   2. **a glass of water**
   3. **a, pair of sneakers**
   4. **two pieces of cake**
   5. **three loaves of bread**

B. 1. **waters → water** 물 좀 마실 수 있을까요?
   2. **the Monday → Monday** 우리는 다음주 월요일에 회의할 예정이다.
   3. **the Seoul → Seoul** 나는 10년 동안 서울에서 살아왔다.
   4. **the love → love** 그녀는 세계의 많은 사람들에게 사랑

을 받았다.

5. **the peace → peace** 평화와 함께, 우리의 세상은 이전보다 더 좋아질 것이다.

Writing

1. think, an honest
2. turn the volume down
3. broke, by mistake
4. cities, gone through, changes, years
5. pieces of cake, glasses, juice
6. hear, a song, midnight

Part 10

These are your flowers. 지시대명사

Unit 46
These are your flowers. 지시대명사

A. 1. **This** 이 사람은 나의 사촌이다.
2. **These** 이 사람들은 나의 사촌들이다.
3. **that** 나는 저 꽃을 좋아한다.
4. **those** 나는 저 꽃들을 좋아한다.
5. **that** 나는 저 사람을 안다.

B. 1. **it is** A: 이것은 너의 자동차니? B: 네, 맞아요.
2. **they aren't** A: 저것들은 너의 책이니? B: 아니요.
3. **she is** A: 저분이 너의 엄마니? B: 네, 맞아요.
4. **he isn't** A: 이 사람이 너의 남자친구니? B: 아니요.
5. **these** A: 이것들이 너의 펜이니? B: 네, 맞아요.

Unit 47
I don't have a pen. Can I borrow one? 부정대명사

A. 1. **another** 나는 이 셔츠가 마음에 안 들어요. 다른 것 있나요?
2. **another, the other** 나는 3마리의 개를 키웁니다. 하나는 검정, 다른 하나는 갈색 그리고 나머지 하나는 흰색이에요.
3. **the others** 학급에 100명의 학생이 있다. 몇몇 학생들은 농구하는 것을 좋아하고 나머지는 축구하는 것을 좋아한다.
4. **the other** 그녀는 두 명의 친한 친구가 있다. 한 명은 중국 출신이고 다른 하나는 독일 출신이다.
5. **one** 나 쓸 펜이 필요해. 하나만 빌려줄래?

B. 1. **have → has** 각각의 사람은 자신의 사물함을 가진다.
2. **coworker → coworkers** 모든 직원들은 오후 5시 회의에 참석해야 한다.
3. **ones → one** 나는 새로운 셔츠가 필요해요. 하나 보여줄래요?
4. **other → the other** 나는 2대의 차를 가지고 있다. 하나는 빨간색이고 다른 하나는 검은색이다.
5. **others → others** 우리는 다양한 활동을 제공한다. 몇몇 사람들은 낚시를 좋아하고 다른 사람들은 골프를 좋아한다.

Unit 48
You borrowed my pen. Can I get it back? 대명사 it

A. 1. **it** 미안하지만 내가 네 책을 가져오지 않았어. 내가 나중에 돌려줘도 될까?
2. **It** 밖에 날씨가 좋다. 소풍 가자.
3. **It** 교통체증 때문에 여기에 도착하는데 3시간 걸렸다.
4. **It** 신생아를 돌보는 것은 어렵다.
5. **It** 나는 탐의 프로젝트가 마음에 들어. 그것은 정리가 잘 되어 있어.

B. 1. **This → It** 지금 가을이야. 나는 많은 다채로운 나무들을 즐길 수 있어.
2. **it → them** 그들은 탐의 아이디어에 동의했다. 나도 역시 그의 아이디어를 좋아한다.
3. **This → It** 벌써 2시야. 우리는 거기에 도착하려면, 서둘러야 해.
4. **That → It** 그렇게 말하다니 너 참 어리석구나.
5. **That → It** 밖이 매우 더워. 너는 재킷을 가져갈 필요가 없어.

Unit 49
Who is your coworker? 의문대명사

A. 1. **What** 당신의 직업이 무엇인가요?
2. **Who** 너의 엄마는 누구니?
3. **Which** 책과 영화 중 어느 것을 더 좋아하니?
4. **What** 다음 휴가 때 무엇을 할 예정이니?
5. **Who** 다음 휴가를 누구와 갈 예정이니?

B. 1. **what you are going to do** 너는 다음에 무엇을 할지 내게 알려줘야 해.
2. **what food I will have** 나는 점심으로 어떤 음식을 먹을지 결정하지 못하겠어.
3. **what my favorite movie is** 그녀는 내가 가장 좋아하는 영화가 무엇인지 물어봤다.
4. **who our manager will be** 우리는 누가 우리의 매니저가 될지 결정해야 한다.
5. **whom Jack loves** 나는 잭이 누구를 사랑하는지 모른다.

Unit 50
I cleaned his car myself. 재귀대명사

A. 1. **myself** 2. **yourself**
3. **herself** 4. **myself**

B. 1. **himself** 그는 해외에서 혼자 5년 동안 살았다.
2. **ourselves** 우리끼리 하는 이야긴데, 나는 그를 정말 사랑해.
3. **myself** 나는 핼러윈 파티에서 즐거운 시간을 보냈다.
4. **itself** 그 문이 저절로 열렸다.

Writing
1. building, brighter, that
2. homeroom, Some, stay, trouble
3. get, wrong, mess, myself
4. what movie, watch
5. It, get, by bus
6. It, interesting, go

Part 11

I want to take a rest. to 부정사

Unit 51
I want to take a rest. to 부정사(명사적)

A. 1. **to meet** 그는 그의 친구들을 만나기를 원한다.
2. **to watch** 벨라는 영화를 보기를 원한다.
3. **to go** 나는 캐나다에 갈 계획이다.
4. **to have** 나는 친구들과 커피를 마시고 싶다.
5. **to eat** 조는 그의 가족과 식사하기로 결정했다.

B. 1. **not to make a noise** 나는 그가 떠들지 않기를 원한다.
2. **not to be sad** 그녀는 그가 슬프지 않기를 원한다.
3. **to play soccer** 나는 축구를 하고 싶다.
4. **to take a rest** 그녀는 휴식을 취하고 싶어한다.
5. **to eat out tonight** 그는 외식하기를 원한다.

Unit 52
I don't know what to do.
의문사 + to 부정사(명사적)

A. 1. **to do** 우리는 먼저 무엇을 해야 하는지 계획해야 한다.
2. **to go** 그녀는 휴가로 어디를 갈지 결정할 것이다.
3. **to meet** 나는 그로부터 언제 만날지 아직 듣지 못했다.
4. **to study** 그녀는 내게 프랑스어를 어떻게 공부해야 하는지 설명한다.
5. **to get** 존은 다음학기를 위해 어떤 책을 사야 하는지 확인할 것이다.

B. 1. **how to get** 나는 우체국에 가는 방법을 알기를 원한다.
2. **what to buy** 제임스는 그의 엄마의 생일선물로 무엇을 살지 결정할 것이다.
3. **what to do** 나는 무엇을 먼저 해야할지 안다.
4. **how to do** 그는 그것을 어떻게 해야할지 생각 중이다.
5. **where to go** 그녀는 어디를 가야할지 모른다.

Unit 53
I want something to drink.
to 부정사(형용사적)

A. 1. **to talk** 그녀는 말할 친구가 필요하다.
2. **to do** 제이크는 할 일이 많이 있다.
3. **to write** 나는 쓸 펜이 필요하다.
4. **to hang out** 저스틴은 어울릴 친구를 원한다.
5. **to eat** 그는 먹을 것이 필요하다.

B. 1. **something cold to drink** 제인은 차가운 마실 것이 필요하다.
2. **something hot to drink** 나는 따뜻한 마실 것을 원한다.
3. **time to play** 나의 아들과 놀 시간이다.
4. **something to tell** 나는 너에게 할 말이 있어.
5. **a big house to live in** 우리가 살 큰 집이 필요하다.

Unit 54
I study English to go to Canada.
to 부정사(부사적 - 목적)

A. 1. **to play** 나의 아들은 주말에 놀기 위해 그의 과제를 하는 중이다.
2. **to visit** 나는 친구를 방문하기 위해 뉴질랜드에 갈 것이다.
3. **to meet** 샘은 그의 여자친구를 만나기 위해 곧 떠날 것이다.
4. **to talk** 그녀는 나와 이야기 하기 위해 이곳에 왔다.
5. **to find** 나는 무언가를 찾기 위해 상자를 열었다.

B. 1. **in order to see her** 팀은 그녀를 보기 위해 그곳에 갔다.
2. **in order to say sorry** 메리는 미안하다고 말하기 위해 그에게 전화했다.
3. **to discuss the problem** 그는 문제를 토론하기 위해 당신과 만나길 원한다.
4. **to ask for his help** 나는 그의 도움을 요청하기 위해 친구에게 전화했다.
5. **to miss the bus** 너는 버스를 놓치지 않기 위해 서둘러야 한다.

Unit 55

I am happy to see you again.
to 부정사(부사적 – 감정의 원인)

A. 1. 그는 오랜 여행 후 아빠를 봐서 기분이 좋았다.
2. 탐은 좋지 않은 성적에 실망했다.
3. 그녀는 멋진 생일파티를 해서 만족했다.
4. 그의 엄마는 그 소식을 들어서 기뻤다.
5. 나는 너와 즐거운 시간을 보내서 행복하다.

B. 1. **meet → to meet** 그는 그녀를 다시 만나서 기뻤다.
2. **ride → to ride** 나는 처음으로 자전거를 타서 흥분되었다.
3. **be → to be** 우리는 함께 있어서 너무 행복하다.
4. **get → to get** 그녀는 돈을 돌려받아서 기뻤다.
5. **get → to get** 너는 안 좋은 결과를 받아서 매우 우울했다.

Writing

1. to go, picnic
2. work to do
3. to travel
4. where to have
5. to meet him
6. to eat

Part 12

I enjoy having coffee. 동명사

Unit 56

I enjoy having coffee. 동명사 VS 현재분사

A. 1. **raining (= to rain)** 비가 내리기 시작한다.
2. **Making (= To make)** 쿠키를 만드는 것은 나의 취미이다.
3. **cooking (= to cook)** 나는 가족을 위해 요리하는 것을 좋아한다.
4. **Having (= To have)** 나이든 사람들과 대화하는 것은 꽤 흥미롭다.
5. **playing (= to play)** 그녀는 피아노 치는 것을 좋아한다.

B. 1. 동명사 여름방학에 파리로 가는 것이 나의 계획이다.
2. 현재분사 나는 친구들을 만나기 위해 그곳에 가는 중이다.
3. 동명사 새로운 장소에 가는 것은 흥미롭다.
4. 동명사 여기서 흡연하지 마세요. 흡연구역을 찾아야 합니다.
5. 현재분사 아기가 침대에서 자고 있다.

Unit 57

I like meeting new people.
동명사 VS to 부정사 I

A. 1. **to have** 나는 음료수를 마시고 싶다.
2. **working** 그들은 프로젝트 작업을 끝냈다.
3. **smoking** 그녀는 건강을 위해 흡연을 그만두었다.
4. **to have** 우리는 이번 주에 하루 쉬는 것에 동의했다.
5. **changing** 좌석을 바꿔도 될까요?

B. 1. **Working (= To work)** 너와 이곳에서 일하는 것은 나를 행복하게 한다.
2. **helping (= to help)** 그의 직업은 가난한 사람들이 새로운 직업을 찾게 도와주는 것이다.
3. **working** 나는 지금 일을 끝내고 싶다.
4. **seeing** 그녀는 아침에 그를 만나는 것을 피했다.
5. **to go** 나는 이탈리아에 갈 계획중이다.

Unit 58

I remember meeting her at the party.
동명사 VS to 부정사 Ⅱ

A. 1. **to lock** 그녀는 문을 잠그는 것을 잊었다.
2. **to do** 나는 이번 학기에 최선을 다하려고 노력했다.
3. **checking** 내 방에서 너의 책을 찾을 수 없어. 너의 방을 확인해 보는 것이 어떠니?
4. **laughing** 그들은 그녀를 비웃는 것을 멈춰야 한다. 그녀가 지금 울고 있다.
5. **telling** 그는 어제 그의 엄마에게 거짓말한 것을 후회했다.

B. 1. **doing** 나는 학창시절에 최선을 다하지 않은 것을 후회했다.
2. **telling** 나는 전에 너에게 틀린 답을 알려줬던 것을 후회한다.
3. **having** 그녀는 가족과 함께 호주에 살 때 즐거운 시간을 보냈던 것을 기억했다.
4. **to send** 나는 내일 조부모님께 이 소포를 보낼 것을 기억해야 한다.
5. **drinking** 너는 네 건강을 위해 금주해야 한다.

Unit 59

I feel like having some coffee.
동명사의 관용 표현 I

A. 1. **is busy cleaning**
2. **is worth reading**
3. **couldn't help laughing**
4. **had difficulty solving**
5. **felt like watching**

B. 1. **take → taking** 나는 그렇게 멋진 광경의 사진을 찍지 않을 수 없었다.
2. **eat → eating** 나는 달콤한 것을 먹고 싶다.
3. **to clean → cleaning** 그는 집청소를 하느라 많은 시간을 소비했다.

4. **to eat → eating** 그녀는 쿠키를 먹지 않을 수 없었다.(= 쿠키를 먹을 수 밖에 없었다.)
5. **get → getting** 그들은 고양이와 친해지는데 애를 먹었다.

Unit 60

I'm looking forward to seeing you. 동명사의 관용 표현 Ⅱ

A. 1. 그는 새로운 사람들과 그곳에서 일하는 것에 익숙하다.
2. 전공을 결정할 때, 너의 관심분야에 대해 생각해봐야 한다.
3. 그 아이는 엄마를 보자마자 다시 울기 시작했다.
4. 그는 그녀의 부모님을 만나기를 몹시 고대하고 있다.
5. 낮잠을 좀 자는 게 어때?

B. 1. **to work → working** 그들은 너와 함께 다시 일하기를 고대하고 있다.
2. **have → having** 졸릴 때 커피를 마시는 것이 어떠니?
3. **come → coming** 곰팡이를 제거했을 지라도 계속 생겨난다.
4. **clean → cleaning** 청소하는 중에 너는 창문들을 열어야 한다.
5. **play → playing** 나는 어린아이들과 노는 것에 익숙하다.

Writing

1. enjoy having, time
2. remember meeting
3. looking forward, seeing
4. used, taking
5. difficulty taking care
6. time doing

Part 13

She is beautiful. 형용사와 부사

Unit 61

She is beautiful. 형용사

A. 1. **friendly** 그녀는 친절한 소녀이다.
2. **safe** 너는 길거리에서 아이들을 안전하게 지킬 필요가 있다.
3. **happy** 저 사람들은 그들의 가족과 함께 행복하다
4. **nice** 데이빗은 다른 사람들에게 친절하다
5. **lovely** 그는 사랑스러운 아이이다.

B. 1. **the poor(= poor people)**
2. **the old(= old people)**
3. **something cold**
4. **nothing special**
5. **the young(= young people)**

Unit 62

There are many people on the street. 수량 형용사

A. 1. **a lot of, lots of, much** 컵에 물이 많이 있다.
2. **many** 우리는 지금 해야 할 일이 아주 많다.
3. **a few, few** 그는 몇몇의 친구가 있다(= 친구가 거의 없다)
4. **a little, little** 약간의 희망이 있다(= 희망이 거의 없다)
5. **a lot of, lots of, many** 책상에 많은 책이 있다.

B. 1. **some** 컴퓨터에 약간의 문제가 있어요.
2. **any** 당신은 남자형제나 여자형제가 있나요?
3. **some** 당신은 약간의 케이크를 원하나요?
4. **any** 나는 이 계획에 대한 어떠한 정보도 없다.
5. **any** 당신 질문이 있나요?

Unit 63

He can dance nicely. 부사

A. 1. **brave → bravely** 그는 마치 전사인 듯이 용감하게 행동한다.
2. **kindly → kind** 그녀는 너무 친절해서 그녀의 친구들은 항상 그녀 편이다.
3. **good → well** 나의 어린 남동생은 학교에서 학교수업을 잘 하고 있다.
4. **safe → safely** 어린이 보호구역에서 안전하게 운전하세요.
5. **happy → happily** 그들은 이후로 행복하게 살았다.

B. 1. **He usually eats breakfast before going to work.** 그는 출근하기 전에 보통 아침식사를 한다.
2. **John is always made fun of by his classmates.** 존은 그의 학급친구들에 의해서 항상 놀림을 받는다.
3. **They sometimes go fishing on Sunday.** 그들은 일요일에 때때로 낚시를 간다.
4. **Robert never does the house chores.** 로버트는 집안일을 절대 하지 않는다.

Unit 64

I can walk fast. 주의해야 할 형용사와 부사

A. 1. **열심히** 안나는 열심히 일하는 중이다.
2. **딱딱한** 이 책의 겉표지는 딱딱하다.
3. **일찍** 그는 일찍 공항으로 출발했다.
4. **이른** 일찍 일어나는 새가 벌레를 잡는다.
5. **늦게** 그는 오늘 아침 늦게 일어났다.

B. 1. **highly** 요즘 아파트 가격이 매우 오르고 있다.
2. **hardly** 우리는 일요일마다 거의 일하지 않는다.
3. **near** 그 우체국은 빵집 근처에 있다.
4. **lately** 우리는 최근에 탐을 보지 못했다.
5. **fast** 그는 가능한 한 빠르게 달렸다.

Unit 65
Can you turn on the air conditioner? 타동사 + 부사

A. 1. **put off the meeting** 그들은 회의를 연기했다.
2. **brought up his children** 그는 10년 동안 혼자서 아이들을 양육했다.
3. **put on your jacket** 너는 자켓을 입어야 해. 날씨가 추워.
4. **put out the fire** 그들은 오두막의 불을 끄기 위해 서둘러야 했다.
5. **get yourself down** 너무 낙담하지마.

B. 1. **turn off it → turn it off** 그것 좀 꺼줄래요? 난 지금 너무 추워요.
2. **write down them → write them down** 만일 네가 그녀가 가르쳐준 것을 놓치고 싶지 않다면 필기해야 한다.
3. **wake up me → wake me up** 6시에 절 깨워주시겠어요? 내일 아침 일찍 회의가 있어요.
4. **throw away it → throw it away** 그것은 버리지마. 나에게 중요한 거야.

Writing
1. met, lately
2. the most intelligent
3. wake, early
4. stayed, late last
5. pick, way
6. better, take, sweating

Part 14
The little baby sleeping on the sofa is my sister. 분사

Unit 66
The little baby sleeping on the sofa is my sister. 현재분사

A. 1. **is taking** 마크는 그의 개와 산책하는 중이다.
2. **is having** 그는 동료와 커피를 마시는 중이다.
3. **was calling** 누군가가 아침 일찍 나에게 전화했었다.
4. **were playing** 제인이 내게 전화했을 때, 나와 남동생은 테니스를 치고 있었다.
5. **sitting** 네 옆에 앉아있는 소녀는 내 여동생이다.

B. 1. **The staff working there**
2. **Singing birds**
3. **talking on the phone**

Unit 67
The fallen leaves are everywhere. 과거분사

A. 1. **canceled** 매니저가 오늘 이곳에 오지 않아서 이 회의는 취소되었다.
2. **fixed** 이 기계는 수리될 필요가 있었다.
3. **broken** 그는 교통사고 때문에 팔이 부러졌다.
4. **run** 이 회사는 나의 아버지에 의해 운영된다.
5. **cut** 나는 머리를 다듬었다.

B. 1. **lived** 나는 부산에서 3년 동안 살아왔다.
2. **hired** 샘은 그의 대학교에 매니저로 고용되었다.
3. **broken** 크리스틴은 깨진 유리를 치우고 있다.
4. **invited** 초대된 사람이 공식 파티에 그의 개를 데려왔다.
5. **torn** 이 책은 나의 남동생에 의해 찢어졌다.

Unit 68
I saw my car towed. 5형식의 분사

A. 1. Chloe singing a song
2. his wife watering the flowers
3. something moving on his back
4. the children playing soccer

B. 1. **cooked** 나는 나의 여동생이 저녁식사를 요리하도록 시켰다.
2. **done** 그들은 그 일을 끝냈다.
3. **prepared** 아만다는 파티를 위해 바비큐를 준비하게 했다.
4. **knocking** 나는 누군가가 문을 두드리는 소리를 들었다.
5. **shouting** 그녀는 한 소년이 길거리에서 소리지르는 것을 보았다.

Unit 69
Reading the newspaper, she found an interesting article. 분사구문

A. 1. **(Being) sick** 아파서 다니엘은 출근할 수 없었다.
2. **Not being wealthy** 비록 메리가 부자는 아니었지만 그녀는 그녀의 삶에 만족하였다.
3. **Turning to the right** 오른쪽으로 돌면, 서점을 찾을 수 있어.

B. 1. **sing → singing** 나는 노래를 부르면서 방을 청소했다.
2. **Not know → Not knowing / Knowing not** 무엇을 해야 할지 몰라서, 그는 부모님에게 전화했다.
3. **Open → Opening** 그 상자를 열었을 때, 그녀는 고양이를 발견하였다.
4. **Tell → Telling** 그녀에게 거짓말을 할 때, 그는 땀을 많이 흘렸다.

5. **Have → Having** 커피를 많이 마시면서, 그는 늦게까지 일했다.

Unit 70

Generally speaking, children like having pets. 독립 분사 구문 및 A가 B한 채로

A. 1. **Frankly speaking**
2. **Compared with**
3. **Generally speaking**
4. **Judging from**

B. 1. **crossing → crossed** 그는 다리를 꼰 채, 그녀의 발표를 바라보고 있었다.
2. **closing → closed** 나는 입을 단단히 다문 채, 그가 말하는 것을 적었다.
3. **open the door → the door open** 그녀는 문을 열어둔 채 사무실을 떠났다.
4. **on the light → the light on** 그들은 불을 켜둔 채 잠이 들었다.

Writing

1. Waiting, having, coffee.
2. roaming, himself
3. meet, on
4. Frankly speaking, behavior
5. hair, dyed, last
6. hate, parking, street

Part 15

I'll meet Tom who works at the café. 관계 대명사

Unit 71

I'll meet Tom who works at the café. 주격 관계 대명사

A. 1. **who(= that)** 나는 우리 학교에서 가장 유명한 소녀들 중 한 명을 만났다.
2. **who(= that)** 메이슨은 멋진 부모가 있는 사랑스러운 아기이다.
3. **which(= that)** 우리는 5층과 큰 로비가 있는 건물에 가곤 했다.
4. **which(= that)** 이것은 10년 전에 쓰여진 책이다.

B. 1. **are → is** 나는 축구를 잘하는 탐을 좋아한다.
2. **were → was** 그녀는 그녀의 친구가 그렸던 그 그림을 좋아한다.
3. **who → which(= that)** 그는 길거리를 배회하는 고양이를 보았다.
4. **is → was** 그들은 5년 전에 지어진 집을 샀다.
5. **which → who(= that)** 우리는 담장 위를 걷는 한 남자를 보았다.

Unit 72

I met Jack whose father was a teacher. 소유격 관계 대명사

A. 1. **whose** 그들은 이름이 데니스인 남자를 만났다.
2. **whose** 탐과 제인은 표지가 흥미로운 캐릭터로 가득 찬 이 책을 좋아한다.
3. **whose** 그에게는 모든 사람들에게 예의바르게 행동하는 아들이 있다.
4. **whose** 제인은 주인이 손님들에게 항상 미소짓고 코너에 있는 카페를 좋아한다.
5. **whose** 나는 여동생이 예쁜 탐을 안다.

B. 1. **that → whose** 나는 탐을 전체 부서를 돌봐야 하는 역할을 가진 매니저로 추천했다.
2. **who → whose** 나는 나와 취미가 같은 테드를 정말로 좋아한다.
3. **who → whose** 나는 항상 우리의 의견과 다 제이의 의견에 동의할 수 없다.
4. **that → whose** 그녀는 목소리가 멋진 친구가 있다.
5. **which → whose** 나는 부모님이 은행에서 일하는 이 여자를 안다.

Unit 73

He will meet Jane whom everyone likes. 목적격 관계 대명사

A. 1. **whose → who, whom(= that)** 그녀는 사람들이 항상 일하길 원하는 관리자이다.
2. **whom → which(= that)** 그는 모두가 갖기를 원했던 직업을 가졌다.
3. **which → who, whom(= that)** 내가 2년 전에 만났던 그 남자가 지금은 우리 마을의 의사이다.
4. **whose → which(= that)** 우리가 좋아하지 않았던 그 가수는 지금 매우 유명하다.
5. **which → who, whom(= that)** 나는 제인이 사랑했던 그 남자를 만났다.

B. 1. **which(= that)** 나는 네가 내게 준 쿠키를 정말 맛있게 먹었다.
2. **which(= that)** 여기에 네가 찾고 있는 빨간 상자가 있다.
3. **who, whom(= that)** 나는 네가 초대했던 사람들과 파티를 즐겼다.

4. **which(= that)** 그는 그의 아빠가 지었던 이 건물을 좋아했다.
5. **which(= that)** 그녀는 내가 작곡했던 그 노래를 안다.

Unit 74
I saw the guy and his dog that were jogging. 관계 대명사 that

A. 1. **who, that** 그녀는 은행에서 일하는 가장 아름다운 여자이다.
2. **which, that** 나는 네가 가진 것과 같은 셔츠를 가지고 있다.
3. **that** 나는 카페에 있는 남자와 그의 고양이를 보았다.
4. **who, that** 그는 회의에 온 첫번째 사람이었다.

B. 1. **whose → which, that** 3년 전에 지어진 건물은 현재 우리 환경을 망치고 있다.
2. **whom → who, that** 우리는 큰 짐을 들고 있는 남자를 찾고 있다.
3. **who → which, that** 샘은 이틀 전에 끝냈어야 하는 과제를 하고 있다.
4. **that → which** 나는 부모님이 5년 동안 살아오신 서울에 방문할 것이다.

Unit 75
I don't understand what you are saying. 관계 대명사 what과 생략

A. 1. **which is** 나는 영어로 쓰여진 이 책을 좋아한다.
2. **that** 그는 어린 소년이 강에 던진 돌을 주웠다.
3. **which was** 그녀는 그녀의 아들이 그린 그림을 내게 보여줬다.
4. **who is** 나는 그의 성적을 항상 자랑하는 브라이언을 좋아하지 않는다.
5. **that were** 나는 낮잠을 자는 탐과 고양이를 보았다.

B. 1. **what** 2. **What**
3. **What** 4. **what**
5. **what**

Writing
1. whom(= that), met, beautiful
2. bakery which(= that) sold
3. what I want
4. which(= that) were written
5. which(= that), meet, people
6. who(= that), speak, French

Part 16
I'll meet James at 3 o'clock. 전치사

Unit 76
I'll meet James at 3 o'clock. 시간의 전치사

A. 1. **in** 나는 보통 저녁에 과제를 한다.
2. **at** 그는 항상 밤에 무언가 먹기를 원한다.
3. **on** 나는 일요일마다 아빠와 함께 낚시를 간다.
4. **at** 나는 3시에 그녀를 만날 예정이었다.
5. **at** 그녀는 항상 정오에 점심을 먹는다.

B. 1. **in → at** 나는 3시 50분에 너를 만나기를 원한다.
2. **at → on** 첫 번째 모임은 11월 1일에 열릴 예정이다.
3. **on → in** 나는 1978년에 태어났다.
4. **in → on** 우리는 월요일마다 회의를 할 예정이다.
5. **on → in** 나는 봄에 산책하는 것을 좋아한다.

Unit 77
Long hair was a big hit during the 18th century. 기간의 전치사

A. 1. **for** 2. **during**
3. **for** 4. **for**
5. **After**

B. 1. **to → during** 나는 휴가 기간 동안에 운동을 열심히 하였다.
2. **during → before** 나는 잠자리에 들기 전에 숙제를 끝냈다.
3. **for → after** 라면을 먹고 나서 나는 배가 아팠다.
4. **during → after** 나는 보통 저녁식사 후에 TV를 본다.

Unit 78
There is a bookstore near the post office. 장소의 전치사

A. 1. **over** 2. **in front of**
3. **next to** 4. **under**

B. 1. **near the bank** 2. **under the table**
3. **in front of the theater**
4. **at the department store**

Unit 79
I will go there with you. 기타 전치사

A. 1. **with** 2. **about**
3. **with** 4. **about**

B. 1. **is made from**
2. **is made of**
3. **wrote, to**
4. **to get home from school**

Unit 80

I got this job done thanks to you.
두 단어 이상으로 된 전치사

A. 1. because of(= due to, owing to)
   2. because of(= due to, owing to)
   3. Thanks to
   4. in spite of
   5. instead of

B. 1. Thanks to → In spite of 많은 지식이 있음에도 불구하고, 그는 시험을 통과하지 못했다.
   2. for → to 우리는 네 덕분에 그 강아지를 살렸다.
   3. In spite → In spite of 강한 반대에도 불구하고 그들은 첫번째 아이디어를 주장했다.
   4. Instead → Instead of 일하는 것 대신에 쉬는 것이 어때?
   5. due for → due to 그는 부러진 다리 때문에 구급차를 불렀다.

Writing

1. by, without, asking
2. spent, going, during
3. similar, to
4. stop, by, for
5. interested in learning, like
6. stand, in, line

Part 17

She is taller than my daughter.
비교급과 최상급

Unit 81

She is taller than my daughter. 비교급

A. 1. hotter 이 커피는 저것보다 더 뜨겁다.
   2. bigger 우리는 저 남자들보다 더 크다.
   3. colder 오늘은 어제보다 더 춥다.
   4. prettier 나의 고양이는 너의 고양이보다 더 귀엽다.
   5. heavier 이 상자는 저것보다 더 무겁다.

B. 1. smart → smarter 제인은 탐보다 더 똑똑하다.
   2. you → yours 나의 가방은 너의 것보다 더 무겁다.
   3. small → smaller 나는 이것보다 더 작은 셔츠를 원해요.
   4. to → than 너는 그것보다 더 빠르게 달려야 한다.
   5. beautifuller → more beautiful 그녀가 너보다 더 아름답다.

Unit 82

The hat is as expensive as the sweater.
비교급 주요 표현

A. 1. more 브랜든은 대런보다 더 많이 먹을 수 있다.
   2. better 줄리는 샐리보다 요리를 더 잘한다.
   3. less 너는 전보다 덜 먹어야 한다.
   4. worse 너는 상황을 이전보다 더 안 좋게 만든다. 그냥 나를 내버려 둬.
   5. worse 그는 전보다 더 아프다.

B. 1. than → to 잭은 밖에 나가는 것보다 책 읽기를 더 좋아한다.
   2. much → more 나는 너보다 해야 할 일이 더 많다.
   3. good → better 이 프로젝트는 예전 것보다 훨씬 더 좋다.
   4. much → more 나는 전자보다 후자의 아이디어가 더 좋다.
   5. to → than 그녀는 탐보다 덜 똑똑하다.

Unit 83

He is the most handsome boy in our school.
최상급

A. 1. the most beautiful 이곳은 우리 나라에서 가장 아름다운 도시이다.
   2. the smallest 존은 그의 학급에서 가장 작은 소년이다.
   3. the most expensive 그것은 내가 샀던 가장 비싼 반지이다.
   4. The heaviest 가장 무거운 상자는 바닥에 있다.
   5. the tallest 나는 학급에서 키가 가장 크다.

B. 1. the biggest guy
   2. That tallest building
   3. the cheapest tent
   4. the most popular girl

Unit 84

She is the youngest in my family.
최상급 주요 표현

A. 1. best 그는 학교에서 최고 점수를 받았다.
   2. oldest 나는 가족구성원 중에서 가장 나이가 많다.
   3. best 그녀는 도시에서 이탈리안 요리를 가장 잘 한다.
   4. most 마리는 영화를 보는 것에 가장 관심이 많다.
   5. least 그녀는 스포츠에 가장 관심을 적게 둔다.

B. 1. the most diligent
   2. as diligent as
   3. more diligent than
   4. more diligent than any other

5. more diligent than all the other

Unit 85
John eats three times as much as I do.
배수사와 관용표현

A. 1. one of the most interesting books
2. doing the housework as well as cooking
3. three times as hot as

B. 1. would → could 그녀는 가능한 한 빠르게 걸었다.
2. less → least 적어도, 그는 거짓말쟁이는 아니었다.
3. artist → artists 그는 세계에서 가장 유명한 미술가 중 한 명이다.
4. heavier → heavy 이 개는 저 개보다 두 배 더 크다.
5. more interesting and more interesting → more and more interesting 이 책이 점점 더 흥미로워진다.

Writing

1. colder and colder
2. more, better result
3. should, better than
4. most famous museums
5. the prettiest birthday
6. At least, lie

Part 18
I feel like having coffee or tea.
접속사

Unit 86
I feel like having coffee or tea. 등위 접속사

A. 1. or 일찍 일어나라, 그렇지 않으면 제시간에 일하러 갈 수 없을 거야.
2. and 규칙적으로 먹어라, 그러면 너는 전보다 더 건강해질 거야.
3. or 서둘러라, 그렇지 않으면 너는 버스를 놓칠 거야.
4. or 다시는 내게 거짓말하지마, 그렇지 않으면 나는 널 절대 신뢰할 수 없을 거야.
5. and 매일 우유를 마셔라, 그러면 너의 뼈가 훨씬 더 튼튼해질 거야.

B. 1. but → and 나는 똑똑하고 행복한 사람이다.
2. enjoying → enjoy 그녀는 박물관에 가서 걸작을 즐기길 원한다.
3. or → but 나는 낮잠을 자고 싶지만 할 일이 많다.
4. yet → and 제임스는 설거지와 빨래를 해야 한다.

5. for → and 이 잡지는 유용하고 흥미롭다.

Unit 87
He is not a teacher but a singer.
상관 접속사

A. 1. both baseball and basketball
2. not only a singer but also a composer
3. Neither I nor he wants
4. either tea or coffee

B. 1. is → are 탐과 제인 둘 다 좋은 학생이다.
2. and → or 너는 우유와 주스 중 하나를 고를 수 있다.
3. like → likes 샤이나 뿐만 아니라 조도 한국음식을 좋아한다.
4. but → and 그것들은 유용하고 도움이 된다.

Unit 88
When I saw you, you were with your friends.
종속 접속사(시간)

A. 1. Before 2. after
3. before 4. after

B. 1. listen → listened 그가 운동하는 동안, 음악을 들었다.
2. will arrive → arrive 내가 한국에 도착하면, 그는 나를 공항에서 기다릴 것이다.
3. make → makes 그가 커피를 만들 때, 그의 아기가 노래를 부른다.
4. finish → finishing 그 프로젝트를 끝낸 후에, 나는 집에 갈수 있었다.

Unit 89
Joy couldn't go to work as she was sick.
종속 접속사(이유, 조건)

A. 1. as 마이크는 지난밤 잠을 제대로 못 자서, 지금 낮잠을 자는 중이다.
2. if 날씨가 화창하면, 나는 소풍을 갈 것이다.
3. unless 만일 네가 더 열심히 하지 않는다면, 시험을 통과할 수 없을 거야.
4. As 지난밤 늦게까지 일해서 나는 집에 걸어갈 수 없을 정도로 피곤했다.
5. isn't 그녀의 남편이 너무 피곤하지만 않다면, 안나는 영화 보러 가기를 원한다.

B. 1. 나는 그가 선물을 좋아하는지 아닌지 모른다.
2. 만약 당신이 나를 매니저로 지목하면, 저는 최선을 다할 것입니다.
3. 그녀는 그가 그녀의 생일파티에 올지 안 올지 궁금하다.
4. 만약 그 역시 파티에 가면 그녀는 파티에 갈 것이다.

5. 네가 원한다면, 이곳에 와도 된다.

Unit 90

Though he was rich, he wasn't happy about his life. 종속 접속사(양보)

A. 1. that she does her best
2. that he has worked so hard
3. that he is a good teacher
4. that she is the best boss

B. 1. What → That 그가 2년 동안 사장으로 일했다는 것은 놀랍다.
2. Despite → Although(though) 비록 샐리가 3년 동안 일했지만, 그녀는 관리자로 뽑히지 못했다.
3. In spite of → Although(= Though) 그가 1시간 동안 청소를 했지만, 집은 여전히 지저분해 보였다.
4. what → that 나는 그녀가 나의 사장이라는 것을 몰랐다.
5. which → that 우리는 그 프로젝트가 성공할 것이라고 생각했다.

Writing

1. after it rains
2. after fixing
3. If, how to use
4. Although, ask her out
5. but, reach the conclusion
6. If, braver, would go

Part 19

If it is sunny, we will go on a picnic. 가정법

Unit 91

If it is sunny, we will go on a picnic. 가정법 현재

A. 1. If you finish this task tonight
2. If you turn right at the corner
3. If he goes to the housewarming party
4. If you go to New Zealand

B. 1. would → will 만일 네가 지금 출발하면, 회의에 늦지 않을 것이다.
2. will vote → vote 만일 50%이상의 사람이 네게 투표하면, 넌 우리회사의 회장이 될 것이다.
3. get → will get 만일 그녀가 이 거래를 성사시키면, 그녀는 보너스를 얻을 것이다.
4. will take → take 만일 네가 택시를 타면, 제시간에 도착할 거야.
5. would → will 네가 최선을 다한다면, 너는 더욱 성공할 것이다.

Unit 92

If I were you, I would work for this company. 가정법 과거

A. 1. 만일 내가 부자라면, 이 차를 살 수 있을 텐데.
2. 만일 내가 너의 친구가 아니라면, 나는 행복하지 않았을 거야.
3. 내가 할 일이 많지 않다면, 나는 너를 도울 수 있을 거야.
4. 그녀가 5마리의 개를 키우지 않았다면, 그녀가 항상 바쁘진 않았을 것이다.

B. 1. was → were 만일 그가 나와 함께 이곳에 있었다면 나는 외롭지 않았을 텐데.
2. doesn't → didn't 만일 그녀가 교통사고를 당하지 않았다면, 그녀는 소풍을 갈 수 있었을 텐데.
3. will → would 만일 그녀가 이번 주 토요일에 일하지 않으면 션은 그녀와 첫 번째 데이트를 할 텐데.
4. can → could 만일 그가 수줍어하지 않으면, 시몬은 그녀에게 데이트 신청을 할 수 있을 텐데.
5. am → were 만일 내가 너라면, 나는 더 열심히 노력할 텐데.

Unit 93

If I had been you, I would have passed the test. 가정법 과거 완료

A. 1. 만일 그녀가 충분히 운동을 했었더라면, 그녀의 몸무게는 이전과 같지 않았을 것이다.
2. 내가 그리기를 많이 좋아하지 않았더라면, 나는 미술가가 되기를 원하지 않았을 것이다.
3. 메이슨이 동물을 좋아하지 않았더라면, 그는 동물원에 가기를 원하지 않았을 것이다.
4. 그가 요리를 좋아하지 않았더라면, 그는 저녁을 책임지지 않았을 것이다.

B. 1. wouldn't have caught 만일 그가 늦게까지 나가서 돌아다니지 않았다면, 그는 감기에 걸리지 않았을 것이다.
2. couldn't have had 만일 그녀가 하와이에 가지 않았더라면, 그녀는 그런 멋진 경험을 할 수 없었을 것이다.
3. would have gone 만일 내가 바쁘지 않았더라면, 나는 너와 함께 그곳에 갔을 것이다.
4. would have gone 내가 너였다면, 나는 그와 데이트 했었을 거야.

Unit 94
I wish we had coffee together.
I wish / as if 구문

A. 1. **I were your friend.** 유감이지만, 나는 너의 친구가 아니다. → 나는 너의 친구이기를 희망한다.
   2. **I had a nice dress.** 유감이지만, 나는 멋진 드레스가 없다. → 나는 멋진 드레스를 가지길 희망한다.
   3. **I had gotten enough rest.** 유감이지만, 나는 충분히 쉬지 못했다. → 나는 충분한 휴식을 취했기를 희망한다.
   4. **I hadn't had food poisoning.** 유감이지만, 나는 식중독에 걸렸다. → 나는 식중독에 걸리지 않았기를 희망한다.
   5. **I had gone there.** 유감이지만, 나는 그곳에 가지 않았다. → 나는 그곳에 갔었기를 희망한다.

B. 1. 그녀는 마치 그녀가 전문 가수인 것처럼 노래하는 중이다.
   2. 그는 마치 그가 그 영화를 본 것처럼 이야기한다.
   3. 그녀는 마치 그녀가 그 책을 읽어본 것처럼 이야기한다.
   4. 그는 마치 그가 그들의 부모였던 것처럼 행동한다.
   5. 그들은 마치 그들이 친한 친구인 것처럼 행동한다.

Unit 95
Without you, I wouldn't be so happy.
Without 구문

A. 1. 너의 조언이 없다면, 나는 이 일을 스스로 해내지 못했을 거야.
   2. 물이 없다면, 우리는 살 수 없다.
   3. 그녀가 없었더라면, 우리는 프로젝트를 시작할 수 없었을 것이다.
   4. 그가 없었더라면, 나는 이 큰 탁자를 옮길 수 없었을 것이다.

B. 1. **Without a bus ticket**
   2. **Without this toy**
   3. **Without you**
   4. **Without this key**

Writing
1. If, become, care of
2. If I hadn't been busy
3. If, busy, have been late
4. If, were, over
5. Without, good health
6. If I were, pleased

Part 20
I do love you. 기타 다양한 문장들

Unit 96
I do love you. 강조

A. 1. **She did study math so hard for the final test.** 그녀는 기말고사를 위해 수학을 정말 열심히 공부했다.
   2. **He does like her so much.** 그는 그녀를 매우 많이 좋아한다.
   3. **I did do homework by myself.** 나는 스스로 과제를 했다.
   4. **They do clean the classroom every day.** 그들은 매일 교실을 청소한다.
   5. **I did enjoy his classes.** 나는 그의 수업을 매우 즐겼다.

B. 1. **when → that(who)** 파티에 나를 초대하지 않은 건 내 친구들이다.
   2. **where → that(who)** 학교 창문을 깨트린 건 탐이었다.
   3. **who → that(when)** 제임스가 집에 돌아온 때는 5시였다.
   4. **when → that(where)** 샤이나가 처음으로 남편을 만난 곳은 카페였다.
   5. **whom → that(= who)** 지난밤 시끄럽게 했던 건 그들이었다.

Unit 97
Open the window. 명령문과 권유하기

A. 1. **Don't run around here.**
   2. **Don't be late for work.**
   3. **Be kind to other people.**
   4. **Let's take a walk for a while.**
   5. **Let's not talk about it.**

B. 1. **Do not touch** 우리 아기를 만지지 마세요.
   2. **Have** 케이크 한 조각 드세요.
   3. **take** 10분 동안 쉬세요.
   4. **eat** 아침식사를 함께 하자.
   5. **Let's not give** 지금 포기하지 말자.

Unit 98
You are a teacher, aren't you? 부가 의문문

A. 1. **aren't they** 그들은 영어 선생님이야, 그렇지 않니?
   2. **doesn't he** 그는 골프하는 것을 좋아해, 그렇지 않니?
   3. **doesn't she** 제인은 한국음식 먹는 것을 즐겨, 그렇지 않니?
   4. **did he** 잭은 그의 방을 청소하지 않았어, 그렇지?
   5. **didn't you** 너와 션은 함께 등산을 갔어, 그렇지 않니?

B. 1. **will → shall** 서점에서 만나자, 그렇게 할래?

2. **this → it** 이 계획은 많은 문제점이 있어, 그렇지 않니?
3. **shall → will** 더 열심히 일해라, 할 거지?
4. **you → we** 너와 나는 좋은 친구야, 그렇지 않니?
5. **it → they** 이 꽃들은 아름다워, 그렇지 않니?

Unit 99

What a beautiful city! 감탄문

A. 1. **How nice the weather is!** 날씨가 참 좋구나!
2. **How interesting the stories are!** 정말 흥미로운 이야기들이구나!
3. **How cute those babies are!** 정말 귀여운 아기들이구나!
4. **What a delicious pizza (this is)!** 정말 맛있는 피자구나!
5. **How wonderful this movie is!** 정말 멋진 영화로구나!

B. 1. **What → How** 이 소식이 정말 흥미롭구나!
2. **It is → they are** 그것들은 흥미로운 책들이구나!
3. **are they → they are** 그것들은 정말 멋지구나!
4. **a → an** 그는 정말 멋진 재능을 가졌구나!
5. **How → What** 이것은 정말 멋진 드레스구나!

Unit 100

On the street are a lot of kids. 도치

A. 1. **Hardly did he believe** 그는 그녀가 그렇게 나쁜 짓을 한 것을 거의 믿을 수 없었다.
2. **There is a key** 너의 책상 위에 열쇠가 있다.
3. **Never was he late** 그는 직장에 절대 늦지 않았다.
4. **On the road are** 도로 위에 차들이 많이 있다.

B. 1. **So do I** 크리스틴은 시골에서 운전하는 것을 좋아해.
2. **So was I** 그는 선생님이었다.
3. **Neither can I** 마크는 피아노를 칠 수 없다.
4. **Neither do I** 그녀는 사과를 싫어해.

Writing

1. Go, in, hurry
2. That, off, airport
3. How tiring, is
4. trouble, doing, couldn't she
5. It, that, care
6. like, So, do, I

Test Answers

Test 01 인칭대명사와 be동사

A. 1. **They → We** 나와 그녀는 같은 학교에 다녀요. 우리는 같은 반이죠.
2. **He → His** 그의 가장 좋아하는 과목은 영어이다.
3. **The sea of the bottom → The bottom of the sea** 바다 밑 부분은 매우 차갑다.
4. **was → were** 너도 알잖아. 우리는 그 당시 모두 너무 어렸어.
5. **is → are** 세상에는 다양한 종류의 놀이들이 있다.

B. 6. **they** 그와 그녀는 남매지만 성격이 너무 다르다.
7. **his** 그것은 나의 가방이 아니다. 그의 것이다.
8. **Children's** 5월 5일은 어린이날이다.
9. **are** 그의 남동생과 나는 친한 친구이다.
10. **was** 차가 많이 막혔었어.

Test 02 부정문과 의문문

A. 1. **not is → is not** 그는 운동에는 별 재능이 없지만 아주 열심히 노력한다.
2. **don't washed → didn't wash, cleaned → clean** 나는 어제 설거지와 거실 청소를 하지 않았다.
3. **is → are** 그것들은 어떤 종류의 물건입니까?
4. **knew → know** 그가 다시 여행 떠날 거라는 거 알고 있었어?
5. **what → which** 경찰서가 어느 쪽인지 알려 주실래요?

B. 6. **weren't** 그 부부는 함께 할 수 있었기 때문에 슬프지 않았다.
7. **doesn't brush** 그는 양치질을 매일 하지는 않는다.
8. **were** 근무 시간에 어디 갔었어?
9. **do** 그 프로젝트를 끝내는데 시간이 얼마나 필요한가요?
10. **Whose** 이번엔 누가 낼 차례지?

Test 03 동사의 진행시제

A. 1. **I doing → I am doing** 나는 지금 편의점에서 아르바이트를 하고 있는 중이다.
2. **increase → increasing** 요즘 생활비가 늘고 있어?
3. **listened → listening** 우리는 그때 연설을 듣고 있는 중이었다.
4. **weren't → wasn't** 엄마가 아침에 요리를 하고 있는 동안 누나는 엄마를 도와주고 있지 않았다.
5. **They moving → They are moving** 그들은 10월에 이사할 예정이다.

B. 6. **jumping, running** 한 수상한 사람이 담을 넘어서 도망을 치고 있다.
7. **is not** 그녀는 그 식당 앞에서 기다리고 있지 않아.
8. **was reading** 두 시간 전에, 그는 침대에서 책을 읽고 있는 중이었다.
9. **talking** 좀 전에 전화 중이었니?
10. **always** 그는 항상 딴 사람들 일에 간섭하길 좋아한단 말이야.

Test 04 동사의 완료형

A. 1. **know → have known** 그들은 수년 동안 서로 알고 지내고 있다.
2. **finish → finished** 나는 막 숙제를 끝내서 밖으로 나가 놀아도 된다.
3. **gone → been** 중국에 가본적 있니?
4. **has → had** 그는 전에 많은 사람들 앞에서 연설을 해 본 적이 없어서 긴장을 했다.
5. **should → will** 그때까지, 그는 충분한 돈을 모았을 것이다.

B. 6. **has been** 서울에 지난 주부터 계속 비가 내리고 있다.
7. **have talked** 우리는 며칠 동안 이것에 대해서 이야기를 했다.
8. **lived** 내 여동생은 3년 전에 캐나다에서 살았다.
9. **had** 그녀는 집에 왔을 때 식당에 재킷을 두고 왔다는 것을 깨달았다.
10. **by** 내일 이 맘 때까지는 사람들이 그 소식을 들을 것이다.

Test 05 문장의 구조(1, 2, 3형식)

A. 1. **matter → matters** 그것은 우리가 생각하는 이상으로 중요하다.
2. **arrive → arrive at** 공항에 몇 시에 도착했나요?
3. **convenience → convenient** 우리의 교통체계는 편리하다.
4. **untouch → untouched** 그 땅은 개발되지 않은 채로 있다.
5. **ideal → idea** 이 책은 부의 미래를 말해주고 있다.

B. 6. **like** 지식이 나무처럼 자란다.
7. **suddenly** 그들은 갑자기 사라졌다.
8. **stable** 그 상황은 안정적이다.
9. **persuasive** 너의 제안은 설득력 있게 들린다.

10. **discussed** 그들은 세계 경제를 논의했다.

Test 06 문장의 구조(4, 5형식)

A. 1. **I → me** 나의 남자친구는 나에게 이 목걸이를 만들어 주었다.
2. **to → for** 그녀는 나에게 옷 한 벌을 사주었다.
3. **happen → to happen** 이런 일이 당신에게 벌어지지 않도록 하세요.
4. **to whispering → whispering** 나는 그들이 커튼 뒤에서 소근거리는 것을 들었다.
5. **drives → drive** 아버지는 나를 집에서부터 가게까지 운전하도록 허락하셨다.

B. 6. **the guests free lunch** 그 호텔은 투숙객들에게 무료 아침 식사를 제공한다.
7. **of** 그는 나에게 똑같은 질문을 했다.
8. **me** 그 일이 나를 계속 바쁘게 한다.
9. **better** 그것은 너의 차를 더 좋게 만든다.
10. **fixed** 나는 나의 차를 수리했다.

Test 07 조동사

A. 1. **changes → change** 음악은 세상을 바꿀 수 있다.
2. **must → have to** 모든 사람은 멸종위기에 처한 동물들을 보호해야만 한다.
3. **able to → be able to** 너는 놀이공원에서 많은 만화 주인공들을 만날 수 있을 거야.
4. **must not → don't have to** 우리는 그것을 심각하게 생각할 필요가 없어. 별로 안 중요한 것이거든.
5. **has → had** 지난 일요일, 아버지는 그 프로젝트를 끝내기 위해서 늦게까지 일하셔야만 했다.

B. 6. **won't** 앞으로 그런 일은 다시는 하지 않겠다.
7. **might not** 네 친구는 한국 음식을 좋아하지 않을지도 몰라.
8. **May** 당신의 여권을 좀 볼 수 있을까요?
9. **has to** 그는 새 차를 사기 위해 돈을 모아야만 한다.
10. **don't have to** 너는 더 이상 그 문제를 가지고 걱정하지 않아도 돼. 우리가 어제 풀었거든.

Test 08 수동태

A. 1. **written → was written** 그 기사는 유명한 작가에 의해 쓰여졌다.
2. **Did → Was** 그 창문은 그 소년들에 의해 깨어졌니?
3. **preserve → be preserved** 그 식품은 수년간 보존될 수 있다.
4. **be → being** 그것은 구석으로 옮겨지고 있는 중이다.
5. **brought → brought up** 내 남동생은 할머니께서 길러주셨다.

B. 6. **was reconstructed** 그 역사적인 장소는 2002년에 재건축되었다.
7. **is not** 그의 방은 그에 의해 청소되지 않는다.
8. **will not be** 네가 그 일을 하지 않는 한 작업은 끝나지 않을 것이다.
9. **have been checked** 내 가방은 세 번이나 검사를 받았다.
10. **with** 인생을 살다 보면 잘 풀릴 때도 있고 안 풀릴 때도 있다.

Test 09 관사와 명사

A. 1. **the → a** 약간 어지럽네요. 감기에 걸린 것 같아요.
2. **a → the** 이곳이 으스스하네요. 창문 좀 닫아 주시겠어요?
3. **a → the** 집으로 가는 길에, 나는 이전 직장동료인 제인을 만났다.
4. **an airplane → airplane** 우리는 미국에서 열리는 세미나에 비행기를 타고 참석할 것이다.
5. **the midnight → midnight** 나는 한밤중에 소음을 들었다. 그것은 정말로 짜증나게 하는 일이었다.

B. 6. **foot** 나는 지갑을 잃어버려서 호텔까지 걸어가야 했다.
7. **women** 많은 여성들은 남자들과 같은 권리를 갖기를 원한다.
8. **lakes** 캐나다에는 많은 호수가 있다.
9. **cups, piece** 커피 두 잔과 케이크 한 조각 주세요.
10. **cities** 많은 도시들에는 그들 자신만의 지역사회 규칙이 있다.

Test 10 대명사

A. 1. **other → the other** 나는 두 아이를 입양했다. 한 명은 서울 출신이고, 다른 한 명은 부산 출신이다.
2. **other → others** 몇몇 사람들은 바다에 가는 것을 선호하며 다른 사람들은 산에 가는 것을 선호한다.
3. **This → It** 밖에 날씨가 좋다. 산책하자.
4. **them → it** 그것은 내 컵케이크야. 나에게 줘.
5. **How → What** 핼러윈에 어떤 의상을 입고 싶니?

B. 6. **These** 이 사람들은 나의 직장동료들입니다.

7. **that** 이 회사의 규모는 우리회사의 규모보다 훨씬 더 크다.
8. **what** 나는 이번 크리스마스를 위해 그녀에게 무엇을 사줘야 할지 안다.
9. **ourselves** 우리는 크리스마스 파티에서 정말 좋은 시간을 보냈다.
10. **himself** 그는 홀로 아파트 전체를 청소하였다.

Test 11 to 부정사

A. 1. **starts → start** 나는 최근에 게을렀었다. 나는 운동을 시작할 필요가 있다.
2. **Have → To have** 규칙적인 식사를 하는 것은 건강한 삶을 사는 시작점이다.
3. **do → to do** 먼저 무엇을 해야 하는지 당신에게 여쭤봐도 될까요?
4. **spend → to spend** 우리는 아이들에게 용돈을 어떻게 현명하게 소비하는지 가르쳐야 한다.
5. **write → write with** 너는 수업 전에 책과 쓸 펜을 준비해야 한다.

B. 6. **something hot to drink** 나는 춥다. 따뜻한 마실 것이 필요하다.
7. **to surprise** 우리는 내일 아침 아들을 놀라게 해주기 위해 오늘밤 파티를 준비할 것이다.
8. **to find** 나는 잠에서 깨었을 때, 생일선물을 발견하고 매우 놀랐다.
9. **to scare** 나는 아이들을 겁주기 위해 유령 옷을 입었다.
10. **to see** 그들은 유령복장을 한 나를 발견하고 겁을 먹었다.

Test 12 동명사

A. 1. **sleep → sleeping** 나의 아기가 소파에서 지금 자고 있다.
2. **smoke → smoking** 흡연구역이 어디인지 여쭤봐도 될까요?
3. **come → coming** 이 작은 검은 고양이는 음식을 먹기 위해 우리 집에 계속 온다.
4. **having → to have** 그는 진정으로 집에서 고양이를 키우기를 원한다.
5. **finish → finishing** 나는 어제 이 일을 끝내지 않은 것에 대해 후회한다.

B. 6. **having** 그녀는 작년에 중국에서 친구들과 즐거운 시간을 보냈던 것을 기억했다.
7. **laughing** 나는 그의 농담에 웃지 않을 수 없었다.
8. **being hired** 그녀는 이 회사로부터 고용되기를 몹시 고대하고 있다.
9. **going** 그는 혼자 영화 보러 가는 것에 익숙하다.
10. **reading** 나는 보통 주말마다 책을 읽으며 시간을 보낸다.

Test 13 형용사와 부사

A. 1. **cost → costly** 나는 이 코트가 너무 비싸다고 생각한다.
2. **friend → friendly** 우리는 이렇게 친절한 사람들을 5년 동안 알고 지내와서 매우 기쁘다.
3. **a few → little** 여전히, 그들의 관계를 더 좋게 할 약간의 희망이 있다.
4. **much → many** 우리는 오랫동안 회사 내에서 많은 문제를 겪어왔다.
5. **blame never → never blame** 우리는 더 나은 결과를 얻지 못한 것에 대해 결코 우리 스스로를 비난하지 않는다.

B. 6. **kindly** 그는 항상 선생님들에게 친절해서, 선생님들은 그를 많이 좋아한다.
7. **fast** 그들이 이 경기에서 이기길 원한다면, 가능한 한 빨리 달려야 한다.
8. **highly** 나는 이 맛있는 쿠키를 너에게 매우 추천한다.
9. **pick me up** 출근하는 길에 저 좀 태워주시겠어요?
10. **get me down** 나를 우울하게 하지마.

Test 14 분사

A. 1. **eaten → eating** 그 고양이가 나의 피자를 먹고 있다.
2. **plays → playing** 길거리에서 바이올린을 연주하는 저 남자는 나의 남자친구이다.
3. **fix → fixed** 나는 내 컴퓨터를 고쳐야 한다.
4. **organize → organized** 이 팀은 새로운 매니저에 의해서 더욱 조직화될 것이다.
5. **Hang → Hanging** 나는 친구들과 어울리고 나서, 기분이 훨씬 더 좋아졌다.

B. 6. **cooking** 그는 부인을 위한 저녁식사를 요리하면서, 그녀와 통화하고 있었다.
7. **having** 나는 우연히 한 커플이 길거리에서 말싸움을 하는 것을 보았다.
8. **washed** 나는 차를 세차해야 한다.
9. **Frankly speaking** 솔직히 말해서, 제인과 나는 서로 그렇게 친하지 않다.
10. **Compared with** 그녀의 상황과 비교했을 때, 사실 나의 상황이 그렇게 나쁜 것은 아니다.

Test 15 관계 대명사

A. 1. **whose → who(= that)** 이 사람은 은행에서 일하는 내 여자친구이다.
2. **whose → who(= that)** 우리는 항상 행복하고 적극적인 조와 함께 일할 것이다.
3. **that → whose** 나는 작가가 프랑스 출신인 이 책을 좋아한다.
4. **who → whose** 나는 이름이 릴리인 소녀를 안다.
5. **who → which(= that)** 그는 내가 좋아하지 않는 그 아이디어를 계속 제안했다.

B. 6. **whom** 앤디는 내가 정말 사랑하는 사람이다.
7. **that** 그는 내가 진심으로 신뢰할 수 있었던 첫 번째 사람이었다.
8. **that** 언젠가, 나는 좋은 사람들과 멋진 자연경관을 가진 뉴질랜드에서 살고 싶다.
9. **what** 그녀는 지금 내게 필요한 것을 안다.
10. **what** 내가 의미하는 것을 이해하겠니?

Test 16 전치사

A. 1. **in this morning → this morning** 나는 운동을 하기 위해서 오늘 아침 일찍 일어났다.
2. **on → in** 우리는 11월에 새로운 회원을 맞이할 예정이다.
3. **in → on** 이 산책길을 걷는데 1시간 걸린다.
4. **on front of → in front of** 우리는 샘의 집 앞에서 모일 예정이다.
5. **during → for** 나는 이 프로젝트로 2시간 동안 일하고 있는 중이다.

B. 6. **from** 그녀는 불면증으로 고통받았다.
7. **of** 이 건물은 나무로 지어졌다.
8. **during** 나는 크리스마스 기간 동안 호주에 갈 것이다.
9. **Thanks to** 좋은 사람들 덕분에, 많은 개들이 보호소에서 입양될 수 있었다.
10. **In spite of** 안 좋은 날씨에도 불구하고, 그들은 그날 밤을 위해 텐트를 설치해야 했다.

Test 17 비교급과 최상급

A. 1. **excitinger → more exciting** 이 게임은 다른 것보다 더 흥미롭다.
2. **more worse → worse** 감기가 더 안 좋아졌다. 나는 약을 복용해야 한다.
3. **bigest → biggest** 이것은 내 인생에서 겪어본 가장 큰 문제이다.
4. **cold → colder** 캐나다는 점점 더 추워지고 있다.
5. **sooner → soon** 너는 가능한 한 빨리 집에 와야 한다.

B. 6. **much** 그는 보통 아기들보다 훨씬 크다.
7. **more** 그녀는 차 보다는 커피를 더 좋아한다.
8. **to** 그는 토요일 밤에 밖에 나가는 것보다 집에 있는 것을 선호한다.
9. **most** 그것은 그의 인생에서 가장 힘든 경기 중 하나였다.
10. **bookstore** 이곳은 어느 다른 서점보다도 더 작은 곳이다.

Test 18 접속사

A. 1. **and → but** 나는 이 그림을 좋아하지만, 그는 좋아하지 않는다.
2. **or → and** 외국어를 학습할 때, 말하기와 듣기를 연습하는 것은 중요하다.
3. **or → nor** 그는 나의 아빠도 삼촌도 아니다.
4. **will get → get** 내가 공항에 도착할 때, 그녀가 날 위해 그곳에서 기다릴 것이다.
5. **will be → is** 만일 그녀가 그곳에 없으면, 나는 길을 잃을 것이다.

B. 6. **and** 일찍 일어나라, 그러면 아침을 거를 필요가 없을 거야.
7. **When** 내가 그를 봤을 때, 그는 장난감에 집중하고 있었다.
8. **Because** 내가 일찍 일어나지 않았기 때문에, 나는 회의를 위해 택시를 타야 했다.
9. **that** 의사는 내가 주말 동안에 휴식을 취해야 한다고 추천했다.
10. **Even though** 비록 내가 혼자 여행을 했지만, 새로운 사람들과 많은 멋진 경험을 했다.

Test 19 가정법

A. 1. **will go → goes** 이 거래가 잘 이루어지면, 나는 큰 보너스를 받을 거야.
2. **will work → work** 당신이 우리와 함께 일하게 된다면, 우리는 훨씬 더 행복할 것이다.
3. **have → had** 이렇게 귀여운 강아지를 키우면 좋을 텐데.
4. **was → were** 그는 마치 그가 이 회사의 사장인 것처럼 행동한다.
5. **can't → couldn't** 그녀의 도움이 없다면, 나는 내 짐을 새집으로 옮기지 못할 것이다.

B. 6. **had** 만일 나에게 시간이 좀 더 있다면, 더 나은 아이디어를 제시할 수 있을 것이다.
7. **would** 만일 네가 아이들과 더 많은 시간을 보내면, 그들은 더 행복해 할 것이다.
8. **could have arrived** 그들이 서둘렀더라면, 그들은 제시간에 도착할 수 있었을 것이다.
9. **had known** 만일 내가 그녀의 전화번호를 알았더라면, 그녀에게 전화할 수 있었을 텐데.
10. **Without** 이 돈이 없었다면, 나는 임대료를 지불할 수 없었을 것이다.

Test 20 기타 다양한 문장들

A. 1. **does → do** 나는 내 가족을 정말 사랑한다.
2. **which → who/whom(= that)** 샘이 지금 사랑하는 사람은 바로 너야.
3. **Does → Do** 설거지를 해라, 그렇지 않으면 네 부인이 네게 화를 낼거야.
4. **does → doesn't** 그녀는 너의 선물을 좋아해, 그렇지 않니?
5. **are → aren't** 그들은 너의 아이들이야, 그렇지 않니?

B. 6. **If** 만일 네가 과제를 하지 않으면, 너는 선생님에게 혼이 날 거야.
7. **What** 날씨가 정말 좋구나!
8. **How** 너는 정말 친절하구나!
9. **are** 책상 위에 많은 책이 있다.
10. **it is** 내가 너의 펜을 빌릴 수 있을까? - 여기 있어.

MEMO